経営法友会 会社法研究会 編

取締役ガイドブック

全訂第4版

A GUIDEBOOK FOR
CORPORATE DIRECTORS

The Association of
Corporate Legal Departments

商事法務

全訂第4版刊行にあたって

令和元（2019）年12月11日に公布された改正会社法が、令和3（2021）年3月1日から施行されました。今回の改正における取締役に関する主な事項には、上場会社をはじめとする一定の会社において社外取締役設置が義務づけられたこと、取締役の報酬に関する規律が見直されたこと、会社補償および会社役員賠償責任保険の規律が新設されたことなどが挙げられます。

また、上場会社では平成27（2015）年から適用されているコーポレートガバナンス・コードが本年6月に改訂されており、こちらの内容にも留意しておく必要があります。

さらには、会社法以外の関係法令も改正が相次いでおり、業種や企業規模にかかわらずコンプライアンス経営上も押さえておくべき範囲が広がってきております。

全訂第4版では、改正法に対応することはもとより、取締役にかかわる法令上の規律をより効率よく読者の皆さまにご理解いただけるように内容を改めた上、資料編も本文の理解の助けとなるよう再構成しました。なお、長年親しまれてきた章立てはこれまでのとおりとして、取締役の方々に役割、権利・義務について把握していただけるよう簡潔な記載に努めました。

取締役の方々をはじめ、その他役員の方々、そして取締役の方々をサポートされるスタッフの皆さまのお役に立てていただければ幸いです。

なお、本書の内容については、アンダーソン・毛利・友常法律事務所の弁護士の皆さまにも大変有益なアドバイスをいただきました。この場をお借りし、厚く御礼申し上げます。

2021年6月

経営法友会
会社法研究会

全訂第3版刊行にあたって

　本書の全訂第2版が刊行されてから5年が経過しました。

　今回の全訂第3版では、平成27年5月1日施行の改正会社法をはじめ、全訂第2版が刊行されてから今日に至るまでの状況・変化をふまえて全体を改訂いたしました。

　法化社会やグローバル化の進展に加え、国内外の株主を始めとするステークホルダーの視線が多く日本の各会社に向けられる中、効率性・収益性の高い経営に加えて、コンプライアンス経営も引き続き重要なテーマです。

　そこで、全訂第3版では、これまでと同様に会社法に規定される取締役の機能・役割の基本事項をできるだけ網羅し解説するとともに、取締役の方がその就任にあたり把握しておくべきさまざまな法規制のポイントをより効率的に理解していただけるよう、第6章「取締役とコンプライアンス」の記述をコンパクトなスタイルにあらため、内容もアップデートしました。また、指名委員会等設置会社および監査等委員会設置会社における監査委員（取締役）の機能・役割についても適宜解説を加えております。

　実効性のあるコーポレート・ガバナンス、そしてよりいっそう深化・高度化するコンプライアンス経営において、取締役はその要であるといえます。現任取締役の方、新任取締役の方、そして取締役の方をサポートされるスタッフの方々に本書をこれまで以上にご活用いただけましたら幸いです。

　なお、本書の内容については、アンダーソン・毛利・友常法律事務所の弁護士の先生方に大変有益なアドバイスをいただきました。厚く御礼申し上げます。

　　平成27年4月

経営法友会
会社法研究会

〔全訂第2版〕刊行にあたって

　平成17年に会社法が成立してから5年が経過しようとしています。当初は、施行に向けた法制度の周知と社内体制の整備等が喫緊の課題でしたが、現在は、実効性ある内部統制システムが整備され機能しているかどうかがより重視されるようになっています。すなわち、株主を始めとするステークホルダーの意識がこれまで以上に高まる中、コンプライアンス経営が全社に意識として浸透しているかどうかがさらに強く問われてきているといえます。

　この5年間、会社実務をめぐる法務省令等の改正は見られたものの、とくに取締役制度自体については大幅な法改正はありませんでした。しかしながら、本書第6章に掲げる会

社法以外の関係法令では、金融商品取引法、独占禁止法を始めとするさまざまな重要法令に関する改正が行われています。また、一昨年の世界的な金融危機以降、経済環境が急激に悪化する中で、特に非正規雇用に対する社会の評価も大きく転換するなど、世の中の価値観にも大きな変化が生じています。そこで、今回は第6章を全面的に見直し、また、全訂版刊行時から今日に至るまでの状況を踏まえて全体を整備し、「全訂第2版」として版を改めました。

　新任取締役の方を始め、日々忙しくご活躍されておられる取締役の方々には、引き続き本書をお役に立てていただくことになれば一層の幸いです。

　　平成22年1月

経営法友会
会社法問題研究会

取締役ガイドブック〔全訂版〕刊行にあたって

　本年5月1日に会社法が施行されました。今改正は、会社法を経済社会の基盤インフラととらえ、日本経済の活性化のための環境整備を行うとの観点から、会社経営の機動性・柔軟性の向上と妥当性・健全性の確保を目的として、内容はきわめて多岐にわたります。具体的には、取締役会・監査役会など会社の機関設計が自由に認められ、同時に、内部統制システムの整備やIT時代も反映した情報開示の徹底などが図られました。また、監査役設置会社についても取締役責任の過失責任化により委員会設置会社と規律が統一されたほか、合同会社制度（LLC）といった法人形態の新設や、さまざまな種類の株式発行が柔軟に認められたことなどは、M&Aの活性化にもつながるといわれています。

　これらは、事前規制型社会から事後監視・救済型社会への転換の流れの中に位置づけることができます。結果として、取締役にとっては、企業経営にあたって選択肢が増え、裁量権が拡大しましたが、一方で、国際競争力強化と企業価値向上に向けての経営判断とそれに対する責任が一層問われることになりました。取締役は、みずからの選択について、株主始めステークホルダーに対して、コーポレート・ガバナンスや企業戦略にかかる考え方を明確に説明することが求められます。

　本書が刊行されてからすでに20年以上が経過しました。その間、相次ぐ商法改正に合わせ、改訂・新訂と版を重ねてきましたが、今回、会社法制定を踏まえて全面的に内容を見直しました。ただし、永年親しまれた章立てはなるべく維持しつつ、取締役の方々に自身の役割や権利・義務について簡便・平易に概要を把握していただけるよう努めました。また、会社法以外の法令についても新たな項目を追加し、さらに、巻末には、大部にわたる会社法・規則の条文体系を整理し、少しでも全体像を俯瞰するための一助となるように資料を添付し

ました。これらも日々忙しくご活躍されておられる取締役の方々のお役に立てれば幸いです。

　なお、本書の内容については、増田健一弁護士、小舘浩樹弁護士を始めアンダーソン・毛利・友常法律事務所から、有益なアドバイスをいただきました。この場を借りてお礼申し上げます。

　　平成 18 年 5 月

経営法友会
会社法問題研究会

【本書の利用に際して】

　本書は、公開会社である大会社で、監査役会を設置している会社を前提としています。指名委員会等設置会社や監査等委員会設置会社についても適宜解説を加えていますが、法規制について深く解釈に立ち入ることなく取締役を中心に説明しています。

凡　例

1　関係法令名の略語は、おおむね有斐閣六法全書の「法令名略語」によった。主要なものは、以下のとおり。

会	会社法
施行令	会社法施行令
会規	会社法施行規則
計規	会社計算規則
民	民法
民訴	民事訴訟法
民保	民事保全法
刑	刑法
独禁	私的独占の禁止及び公正取引の確保に関する法律
金商	金融商品取引法
景表	不当景品類及び不当表示防止法
不競	不正競争防止法

2　判例の略記と判例集等の略称は、以下のとおり。

最高裁判所昭和 45 年 6 月 24 日判決最高裁判所民事判例集 24 巻 6 号 625 頁

→最判昭 45・6・24 民集 24 巻 6 号 625 頁

民集	最高裁判所民事判例集	刑集	最高裁判所刑事判例集
判時	判例時報	判タ	判例タイムズ
金判	金融・商事判例	労判	労働判例

会社法研究会メンバー（2021年6月1日時点）

『取締役ガイドブック』『監査役ガイドブック』改訂担当者
（会社名五十音順・○印は主査）

　森本　亜希（味の素株式会社）

　寺脇　大介（東　海運株式会社）

　村井　俊雄（イオン株式会社）

　榎本　俊幸（ＡＧＣ株式会社）

　古塚　浩司（オムロン株式会社）

　山根　睦弘（コカ・コーラ ボトラーズジャパン株式会社）

　原　　浩一（コニカミノルタ株式会社）

　鈴木　裕摩（サッポロホールディングス株式会社）

　西岡　英吉（サントリー食品インターナショナル株式会社）

　松原　　彩（サントリーホールディングス株式会社）

　百々　隆介（芝浦機械株式会社）

　堀　由美子（株式会社瑞光）

　富山　雅大（住友重機械工業株式会社）

　前川　大輔（第一実業株式会社）

　西谷　和起（テックファームホールディングス株式会社）

　小川　　徹（トヨタ自動車株式会社）

○長谷川顕史（日鉄エンジニアリング株式会社）

　石川　真生（日本製鉄株式会社）

○日比野光敬（日本電信電話株式会社）

　松本　　脩（日本電信電話株式会社）

　宮崎　郁子（ネットワンシステムズ株式会社）

○原口　　亮（野村證券株式会社）

　藤瀬　大和（野村證券株式会社）

　藤原　大輔（日立グローバルライフソリューションズ株式会社）

　上村　正浩（株式会社日立マネジメントパートナー）

　小松　裕介（フタバ産業株式会社）

　佐鳥　竜太（三菱ＨＣキャピタル株式会社）

　白木絵利加（三菱ＵＦＪ信託銀行株式会社）

　小川　輝彦（三菱ＵＦＪモルガン・スタンレー証券株式会社）

　星野　博信（ヤマハ株式会社）

　高橋　沙季（横河電機株式会社）

　木村　紳一（ライオン株式会社）

　渡邊　幸義（ＬＩＮＥ株式会社）

　深津　　健（株式会社リクルート）

監修者

　増田　健一（アンダーソン・毛利・友常法律事務所）

　渡邉　　剛（アンダーソン・毛利・友常法律事務所）

　近藤　純一（アンダーソン・毛利・友常法律事務所）

　山神　　理（アンダーソン・毛利・友常法律事務所）

　盛里　吉博（アンダーソン・毛利・友常法律事務所）

目　次

第 1 章
取締役とは

```
┌─ P O I N T ────────────────────────────────────┐
│                                                 │
│ ❶  取締役は、株主総会の決議で選任される。上場会社では、取締役の任期を │
│    1 年とし、毎年の株主総会で選任されている例が多い。          │
│ ❷  取締役は、取締役会の一員として、代表取締役の選定や重要な財産の処分 │
│    などの会社の意思決定を行い、他の取締役の職務執行の監視・監督を行う。 │
│ ❸  取締役は、会社の業務に関するさまざまな決定権限を持つ一方で、①その │
│    職務の執行にあたって一定の注意を払う義務（善管注意義務）や②法律や定 │
│    款に基づき会社に対して忠実に職務執行を行う義務（忠実義務）などを負 │
│    う。これらの義務に違反し、会社に損害を与えた場合にはその損害を賠償す │
│    る責任を負う。                              │
│ ❹  取締役の報酬は、株主総会の承認を得る必要があり、株主総会決議によっ │
│    て取締役全員に対する報酬の総額を決定し、取締役の個人別の報酬の決定 │
│    は、取締役会へ一任することが一般的である。              │
│                                                 │
└─────────────────────────────────────────────────┘
```

第 1 節　取締役とその役割

　取締役は、株主総会の決議により選任されて就任し、取締役会の構成員として、その決議に参加します。取締役会設置会社の取締役は、次の役割を果たす義務を負います。

1　意思決定

　取締役として最も重要な役割は、取締役会の決議を通じて会社の意思決定に参加することです。代表取締役の選定や重要な財産の処分などの業務執行の決定が会社の経営を左右することになるからです。取締役は、株主総会において株主から選任され、経営の付託を受けるわけですが、取締役会において、その見識と経験を最大限に生かして意思決定を行うことが求められます。

2　業務執行

　会社の業務執行は、代表取締役および業務執行取締役（たとえば、国内リテール事業担当取締役や、常務、専務等の役位が付されることも一般的です。Q8（p.19）参照）が行います。また、執行役員制度を採用している会社においては、業務執行取締役が執行役員を兼任するケースも見られます（**Q11**（p.25）参照）。

3　監視・監督

　取締役会は、会社の業務執行を決定するとともに、取締役の職務執行を監督することも、重要な職責の1つとして担っています。したがって、個々の取締役は、取締役会のメンバーとして、取締役会が十分に監督義務を果たせるよう、代表取締役を含む他の取締役の職務執行を監視する義務を負います（**Q28**（p.71）参照）。

　すなわち、取締役は、他の取締役が違法行為や会社に損害を与えるおそれのある行為をしようとする場合はもちろんのこと、十分な検討もされないままに重要事項について意思決定が行われる場合にも、取締役会においてこれを指摘し、是正しなければなりません。たとえば、代表取締役が会社にとって回収不能な融資を勝手に行おうとするような場合や、十分な情報収集や分析を行うことなくM&A取引を実行しようとするような場合には、他の取締役は、法定の要件に従って取締役会を開催して、これを止めさせたり、十分な検討を尽くさせたりする必要があるわけです。

　また、不正の指摘・是正にとどまらず、経営の効率性向上を実現するため、取締役の職務執行について、経営戦略等の方針と具体的施策の成果に照らして、中長期的かつ大局的観点から評価し改善を促すことが、取締役会の監督機能の在り方として重要となっています。

4　善管注意義務・忠実義務

　取締役と会社の法律関係は、民法の委任に関する規定に従うこととなっており（会330条）、取締役は、会社に対して善良な管理者としての注意義務（善管注意義務、民644条）と忠実義務を負います（会355条）。これらの義務に違反（任務懈怠）し、会社に損害を与えた場合にはその損害を賠償する責任を負います（詳細は「**第5章　取締役の義務と責任**」（p.69）参照）。

第 2 節　取締役の資格・選任・終任

1　資　格

　取締役には、次のような欠格事由が定められており（会 331 条 1 項）、これに該当する場合には取締役になることができず、任期途中に欠格事由に該当した場合には当然に地位を失います。

① 　法　人

② 　会社法もしくは一般社団法人及び一般財団法人に関する法律の規定に違反し、または金融商品取引法、民事再生法、会社更生法、破産法もしくは外国倒産処理手続の承認援助に関する法律に定める一定の罪を犯し、刑に処せられ、その刑の執行を終わり、またはその執行を受けることがなくなった日から 2 年を経過しない者（したがって、執行猶予中の者も欠格者となります）

③ 　②に規定する法律の規定以外の法令の規定に違反し、禁固以上の刑に処せられ、その執行を終わっていない者、またはその執行を受けることがなくなってはいない者（ただし、執行猶予中の者は欠格者ではありません）

　なお、社外取締役の選任には、別途社外性に関する要件を充足する必要があります（**第 2 章第 2 節 3「⑷　社外取締役」**（p.20）参照）。

2　選　任

⑴　委任契約

　取締役は、株主総会の決議によって選任されます（会 329 条 1 項）。取締役を選任する株主総会の決議があると、それによって被選任者を取締役とする会社の意思決定がなされたことになりますが、被選任者が法律上取締役に就任するのは、会社との間で委任契約が締結された時です（会 330 条）。この委任契約は、株主総会での選任決議を条件として、あらかじめ締結しておくことも可能です。実務も、これに従い、あらかじめ就任承諾書の提出を受け、これをもって委任契約の成立としている例が多いようです。

⑵　選任方法

　株主総会での取締役の選任は、議決権を行使することができる株主の議決権の過半数を有する株主が出席（書面・電子行使を含みます）し、出席した当該株主の議決権の過半数をもって決議されることになります（いわゆる普通決議。会 309 条 1 項）。ところで、株主総会の普通決議については、多くの会社で、定足数を定款で排除し、出席

株主の有する議決権の過半数で決議しうる旨を定めています。しかし、取締役の選任決議の場合には、定款で定めることのできる定足数は、議決権を行使することができる株主の有する議決権の3分の1以上の割合である必要があります（会341条）。

⑶　員数および任期

　取締役の員数は、取締役会設置会社においては3人以上必要とされており（会331条5項）、定款をもってその上限を定めているのが一般的です。

　取締役の任期は、原則、選任後2年以内に終了する事業年度のうち最終のものに関する定時株主総会の終結の時までとなりますが、定款または株主総会の決議によって任期を短縮することができます（会332条1項）。上場会社では、取締役の任期を1年とし、毎年の定時株主総会で選任されている例が多く見られます。任期の到来する前に退任した取締役の後任または増員として選任された取締役の任期は、他の取締役の残任期間に限るとすることもでき、実際上も、定款にその旨の規定を置いている例が多いようです。

Q1　非公開会社・委員会設置会社の取締役の任期

　非公開会社・指名委員会等設置会社・監査等委員会設置会社の取締役の任期に差異はありますか。

　あります。

① 非公開会社（その発行するすべての株式について、株式譲渡にあたり発行会社の承認を要する会社）：定款により、選任後10年以内に終了する事業年度のうち最終のものに関する定時株主総会の終結の時まで伸長することができます（会332条2項。ただし、監査等委員会設置会社および指名委員会等設置会社を除きます）。

② 監査等委員会設置会社：監査等委員以外の取締役は選任後1年以内に終了する事業年度のうち最終のものに関する定時株主総会終結の時まで、監査等委員である取締役は選任2年以内に終了する事業年度のうち最終のものに関する定時株主総会終結の時までとなります（会332条1項・4項・5項）。

③ 指名委員会等設置会社：選任後1年以内に終了する事業年度のうち最終のものに関する定時株主総会終結の時までとなります（会332条3項・6項）。

⑷　一時取締役

　取締役が欠けた場合または会社法もしくは定款に定めた取締役の員数を欠くことになった場合には、任期満了または辞任により退任した取締役は、新たに選任される取締役が就任するまで取締役としての権利義務を有します（会346条1項）。しかし、

必要な場合は、利害関係人は裁判所に申し立て、一時的に取締役の職務を行うべき者（いわゆる仮取締役）の選任を求めることができます（同条2項）。

⑸　補欠取締役の予選

株主総会で取締役の選任決議をする場合に、取締役が欠けた場合または会社法もしくは定款で定めた取締役の員数を欠くこととなるときに備えて、補欠の取締役を選任しておくことができます（会329条3項）。

Q2　役員（取締役、監査役、会計参与）の補欠者の予選

補欠役員の任期はどのように定められていますか。選任決議を取り消すことができますか。

株主総会において役員の補欠者をあらかじめ選出しておけば、あらためて選任の株主総会決議を経ることなく補充が認められます（会329条3項）。

補欠役員の任期は、定款に別段の定めがある場合を除き、当該選任決議後最初に開催する定時株主総会の開始の時までとされます。ただし、株主総会の決議によってその期間を短縮することもできます（会規96条3項）。

また、補欠役員の就任前にその選任決議の取消しを行う場合があるときは、これに備えてその旨および取消しを行うための手続をあらかじめ選任時に決定しておくことができます（会規96条2項6号）。

3　兼任

⑴　監査役との兼任

取締役は、自社または親会社の監査役を兼任することが禁止されています（会335条2項）。監査を受ける者と監査をする者が同じであると、実効的な監査が期待できないからです。

⑵　会計参与との兼任

取締役は、自社または親会社の会計参与の欠格事由とされており（会333条3項）、会計参与を兼任することはできません。

⑶　他社の取締役との兼任

ア　会社法上の制約

他社の取締役との兼任は、原則として禁止されていません。しかし、その取締役としての行為が利益相反となったり、競業会社の取締役に就任して競業行為を行ったりするような場合には、取締役会の承認を得る必要があります（会356条1項、365条1

5

項。**第 5 章第 1 節「2　取締役に対する会社法上の規制」**（p.75）参照）。

イ　独占禁止法上の制約

　独占禁止法上、一定の取引分野における競争を実質的に制限することとなる場合は、国内の他の会社の役員（理事、取締役、執行役、業務を執行する社員、監事、監査役、これらに準ずる者、支配人、本店もしくは支店の事業の主任者）を兼任することはできません（独禁 13 条 1 項）。

(4)　会計監査人との兼任

　取締役は、就任中はもちろんのこと、取締役を辞めてから 1 年を超えないと、その会社の会計監査人になることはできません（会 337 条 3 項 1 号、公認会計士法 24 条 1 項）。また、取締役の配偶者も、その会社の会計監査人になることはできません（会 337 条 3 項 2 号）。

Q3　取締役の使用人兼務

　取締役は、使用人を兼務することはできますか。使用人を兼務した場合、労働法の適用は受けるのでしょうか。また、報酬はどのような扱いになりますか。

　「使用人兼務取締役」とは、使用人としての地位を併せ持った取締役のことで、取締役総務部長、取締役工場長、取締役支店長などがこれにあたります。

　本来、法が予定している取締役の職務は、もっぱら取締役会の構成員として業務執行に関する意思決定に参加し、代表取締役および他の取締役の職務執行状況を監視することです（会 362 条 2 項。なお、会 348 条 1 項参照）。しかし、取締役が会社の使用人の地位を兼務することは差し支えないと解されていますし、一般に広く行われています。

　使用人兼務取締役は、労働者性が認められ、労働災害における労災保険の取扱いの場合（**第 6 章第 3 節「3　安全配慮義務」**（p.122））のように、労働法上の従業員としての身分に基づく保護を受けられる場合があります。この点は、会社の規模等に応じて、使用人兼務取締役の実態に即して考慮されますが、役付取締役（**Q8**（p.19）参照）が使用人を兼務している場合には、労災保険の適用を受けられないことが多いようです。また、使用人兼務取締役の使用人分の賃金および賞与については、税法上、取締役分とは区別して取り扱うことが認められています。なお、役員に対する賞与は損金算入が認められませんが、使用人兼務取締役については、使用人分として相当と認められる賞与の金額は損金に算入することができます。しかし、代表権の有無に関係なく、常務以上の役付取締役は、原則として使用人兼務取締役として認められないため、使用人分賞与を支給したとしても、その分は損金算入が認められません。したがって、役付取締役に対しては、使用人を兼務している場合でも使用人分賞与を支払っていないのが通例です。

　また、役付取締役に対し使用人分給与を支払う場合、税法上は役員報酬として取り扱

われ、これを含めた報酬の合計額が株主総会で承認された役員報酬枠内に収まるときは、通常、損金扱いされます。ただし、役員報酬枠を超えた場合には、その超過分については損金扱いされませんので、役付取締役に対しては使用人分給与を支払わないこととしている例が多いようです。

　使用人兼務取締役に対する報酬および賞与の取締役としての分と、使用人としての分とを別々に支給する場合、後者についても会社法上の取締役の報酬等として株主総会の決議が必要となるかどうかが問題となります。一般には、取締役の報酬等は取締役の資格で行う職務執行の対価であり、使用人としての資格で受ける賃金および賞与は取締役の報酬等とはいえず、定款または株主総会の決議で定めることを要しないとされています。ただし、使用人として受ける給与の体系が明確に確立されている必要があります。

　なお、指名委員会等設置会社においては、使用人兼務執行役の使用人としての職務執行の対価についても、報酬委員会に決定権限が与えられています（会404条3項）。

4　終　任

⑴　一般の終任事由

　取締役と会社との関係は委任に関する規定に従いますので、取締役は、任期の満了によって終任するほか、一般の委任の終了事由があれば終任することになります。すなわち、取締役の辞任、死亡、破産手続開始の決定、会社についての破産手続開始の決定など（民653条）がこれにあたります。取締役の欠格事由の該当や会社の解散も取締役の終任事由となります。

⑵　解　任

　会社は、株主総会の決議をもって、いつでも取締役を解任することができます（会339条1項）。ただし、任期の途中で、正当な理由がなく解任された場合には、解任された取締役は、解任によって生じた損害の賠償を会社に請求することができます（同条2項）。

　解任決議は、原則、普通決議とされますが、定款の定めにより、定足数を加重または軽減し（ただし、議決権を行使できる株主の議決権の3分の1未満にはできません）、また決議要件を加重することができます（会309条2項7号、341条、342条6項）。解任は、相手方のある単独行為ですから、株主総会の解任決議を受けて、代表取締役が、その取締役に告知することで足り、合意する必要はありません。

　取締役の職務執行に関し不正行為または法令・定款に違反する重大な事実があるにもかかわらず、株主総会において解任議案が否決された場合には、6カ月前から引き続き総株主の議決権または発行済株式の100分の3以上の株式を有する株主（定款で

要件を緩和することができます。公開会社でない場合は 6 カ月の継続保有要件はありません）は、株主総会の決議の日から 30 日以内にその取締役の解任を裁判所に対し請求することができます（会 854 条）。

Q4　取締役の自己都合による辞任

取締役は、自己の都合で辞任することができますか。

　会社と取締役との関係は委任に関する規定に従うこととなりますので、いつでも会社に対する一方的意思表示によって辞任することができます（民 651 条 1 項）。この場合、辞任の事由は問われませんから、自己の都合によっても辞任することができます。しかし、病気その他やむをえない事由による場合を除き、会社にとって不都合な時期に辞任をする場合には、辞任により会社に与えた損害を賠償しなければならない点に留意する必要があります（同条 2 項）。なお、辞任によって、法定または定款所定の員数を欠くことになる場合には、辞任者は、新たに選任される取締役が就任するまで、取締役の権利義務を有します（会 346 条 1 項）。

第 3 節　取締役の報酬等

　会社法においては、取締役の報酬、賞与その他の職務執行の対価として会社から受ける財産上の利益を「報酬等」と定義しています（会 361 条 1 項）。

　また、取締役自ら報酬等の額を決定できるとすると、お手盛りにより不当に多額の報酬等を支給するおそれがあるため、定款または株主総会でその額を決定することになっています（会 361 条）。

　他方で、日本経済の発展に向けた政策的観点からは、諸外国に比べ報酬等の額が低いうえに、報酬全体に占める固定報酬の割合が高く、ローリスク・ローリターンの経営と批判されてきたことを受け、優秀な人材の確保や日本企業の稼ぐ力を向上させるため、業績向上のインセンティブを高めるべきとの論調が強まっています。これを受け、経営者に中長期的な企業価値向上のインセンティブを与えるための環境整備の一環として、業績連動報酬や株式報酬を導入することが促進され、積極的に導入している企業も多く見受けられます。

1　報酬等の主な種類

⑴　基本報酬

職責や役割に鑑みて支給される固定（金銭）報酬です。

⑵　業績連動報酬

連結売上高、連結営業利益、親会社株主に帰属する当期純利益、ROE、ROA、ROIC等、各社がそれぞれ定めた業績の指標を基礎として算出し支給される短期インセンティブ型の金銭報酬で、たとえば、賞与が挙げられます。

このほか金銭報酬には、退職慰労金もありますが、年功的要素が強く、業績と連動しない報酬体系であることなどを理由として、退職慰労金制度は多くの会社で廃止されています。

⑶　株式報酬

株式や新株予約権を交付する中長期インセンティブ型の株式報酬で、代表的なものとしては以下のものが挙げられます。株式報酬には、株主との利害共有、役員のリテンション、株価上昇や業績向上のインセンティブなどの効果があるとされています。制度ごとに効果が異なるため、各社の導入目的に応じて検討、採用されています。

類型	内容
株式報酬型ストック・オプション	自社の株式をあらかじめ定められた権利行使価格（1株＝1円等）で購入する権利（新株予約権）を付与。
特定譲渡制限付株式	一定期間の譲渡制限が付された株式を役員に交付。
株式交付信託	会社が金銭を信託に拠出し、信託が市場等から株式を取得。一定期間経過後に役員に株式を交付。
パフォーマンス・シェア	中長期の業績目標の達成度合いに応じて、株式を役員に交付。

2　報酬等の決定方法

⑴　会社法上の手続

取締役の報酬等は、定款に定めがないときは、株主総会において決定します。株主総会では、取締役の個人別の報酬額を決定することも可能ですが、取締役全員の報酬等の総額（上限額）を決定する方法が一般的です。また、株式報酬については、令和元年改正会社法において、株式や新株予約権の数の上限等を株主総会で決定することになりました。

監査等委員会設置会社では、監査等委員である取締役とそれ以外の取締役とを区別

して決定します。

指名委員会等設置会社では、執行役および取締役の報酬等は、株主総会で決定せず、報酬委員会が定める個人別の報酬等の内容に係る決定に関する方針に基づき、報酬委員会が個人別の報酬等の内容を決定します。

⑵　取締役の個人別の報酬等の決定方法

取締役の個人別の報酬等の決定は、株主総会で決定した取締役全員の報酬等の総額（上限額）の範囲内で、取締役会に一任するのが一般的です。取締役会での取締役の個人別の報酬等の決定に際しては、さらに代表取締役に再一任したり、任意の報酬委員会を関与させたりすることも行われています。

令和元年改正会社法においては、取締役の報酬等の決定過程の透明性向上を図るため、取締役の個人別の報酬等の内容の決定方針について法務省令で定める事項を、取締役会で決定し、事業報告でその内容を開示しなければならないこととされました（会361条7項）。対象となる会社は、以下のとおりです。

①　監査役会設置会社（公開会社かつ大会社に限る）であって、その発行する株式について有価証券報告書提出義務を負う会社

②　監査等委員会設置会社

なお、監査等委員である各取締役の報酬等の配分は、定款の定めまたは株主総会決議がない場合には、監査等委員である取締役の協議によって定めることになるため、個人別の報酬等の決定方針を定める必要はありません。また、指名委員会等設置会社は従来から報酬委員会が同様の方針を定める必要があるため、今回の改正には含まれていません。

Q5　役員賞与の損金算入

役員賞与は、損金算入可能ですか。

役員賞与は、取締役が職務執行の対価として会社から受ける財産上の利益として「報酬等」に含まれます（会361条1項）。したがって、役員賞与も発生した会計期間の費用として処理することになります。

税務上、役員の臨時的な給与で、あらかじめ支給額と支給時期が定められたものの支払いについては、損金算入が可能とされます。また、業績連動型の役員賞与は、原則として損金不算入ですが、透明性・適正性を確保するための一定の要件を満たせば損金算入が可能となります。

なお、2017年度の税制改正において、損金算入不可であった一部の株式報酬も一定の要件を満たせば、損金算入が可能となりました。

3　報酬等の開示

⑴　事業報告での開示

　事業年度の末日において、公開会社である株式会社は、株式会社の会社役員に関する事項を事業報告に記載しなければなりません（会規 119 条 2 号）。会社役員の報酬等について事業報告に記載する内容は、令和元年改正会社法の施行に伴う令和 2 年改正会社法施行規則により加重され、主に以下の事項の記載が必要となりました（会規 121 条 4 号～6 号の 3）。

① 　当該事業年度に係る取締役、会計参与、監査役または執行役（以下「会社役員」といいます）ごとの報酬等の総額（業績連動報酬や株式報酬についても、各々の総額）と員数

② 　業績連動報酬がある場合、報酬算定の基礎となる業績指標やその選定理由等

③ 　株式報酬などの非金銭報酬がある場合、その内容

④ 　会社役員の報酬等についての定款または株主総会決議の内容

⑤ 　取締役の個人別の報酬等の決定方針

⑥ 　取締役会から、取締役の個人別の報酬等の決定を、代表取締役をはじめとする他の取締役へ委任した場合、委任を受けた者の氏名等

　なお、社外役員の報酬等については、別途開示する必要があります（会規 124 条 6 号）。

⑵　有価証券報告書での開示

　有価証券報告書の提出義務を負う会社（上場会社等）は、連結報酬等の総額が 1 億円以上の役員について、報酬等（連結報酬等）の総額・種類別の額等を有価証券報告書等に記載することが義務づけられています。

　企業内容等の開示に関する内閣府令改正（2019 年 1 月 31 日施行）では、前記「⑴事業報告での開示」で述べた、事業報告に記載すべきとされた事項と、ほぼ同様の内容の事項を、有価証券報告書等へ記載することが義務づけられています。

第 2 章
取締役と株式会社の機関

┌─ POINT ─┐

❶　会社法では、会社としての意思決定や行為をする会議体や人のことを「機関」と呼ぶ。取締役会を設置する場合、主に監査役（会）設置会社、監査等委員会設置会社、指名委員会等設置会社という 3 通りの機関設計がある。

❷　取締役会の職務は、主に業務執行の決定と、その執行者となる代表取締役等の選定・解職、その執行の監督となる。監査等委員会設置会社と指名委員会等設置会社は、そのうち執行の監督に主眼をおくモニタリング・モデルを想定した機関設計である。

❸　監査等委員会設置会社や指名委員会等設置会社は、社外取締役が議決権の行使や委員会での職務を通じて経営陣の人事に関与することにより取締役会による監督機能の強化を図る仕組みとなっている。

❹　監査役（会）設置会社や監査等委員会設置会社においては、業務執行は、代表取締役等の業務執行取締役が行う。加えて代表取締役は、取締役会から委任を受け、日常の業務執行の決定も行うことが一般的である。

❺　指名委員会等設置会社では、業務執行は執行役が行い、業務執行の決定についても、一部を除き重要な事項も含め、取締役会から執行役に委任することができる。

❻　上場会社に対しては、会社法に加え、コーポレートガバナンス・コードによる規範が示されており、適宜、最新の規範を確認する必要がある。

第 1 節　株式会社の機関設計

1　株主総会と取締役会の設置の有無

　株式会社は株主の出資により成立するものであることから、すべての株式会社において、株主により構成される株主総会が設置されます。また、株主総会の決定に基づき経営を行う取締役の設置も必須とされています（会 326 条 1 項）。

　一方、取締役により構成される取締役会については、すべての会社において設置が求められているわけではありません（会326条2項）。経営者が株式のすべてを保有する小規模な非公開会社（その発行するすべての株式について、株式譲渡にあたり発行会社の承認を要する会社）等においては、運営コストの削減や意思決定プロセスの簡素化のため、取締役会を設置しないこともあります（巻末【資料1】「株式会社の種類と機関設計」（p.142）参照）。

2　取締役会設置会社における3通りの機関設計

　取締役会を設置する会社の場合は、会社の業務の執行と、その監査・監督の方法によって、①監査役設置会社もしくは監査役会設置会社（以下、本章では、総称して「監査役（会）設置会社」といいます）、②監査等委員会設置会社、または③指名委員会等設置会社のいずれかの機関設計を選択することとなります（会327条1項・2項・4項・6項。厳密には、非公開会社では、株主総会、取締役会に加え、会計参与のみを設置する形態も認められていますが、一般的ではないため、説明は省略します）。

(1)　監査役（会）設置会社

　監査役（会）設置会社では、取締役会が業務執行の決定を行い（会362条2項1号）、取締役会の構成員である代表取締役やその他の業務執行取締役が、取締役会の決定に基づき業務を執行します（会363条1項、2条15号イ）。そして、その執行の監督を取締役会が、監査を監査役が行います（会362条2項2号、381条1項）。取締役会は、業務執行の決定について、重要なものを除き業務執行取締役に委ねることができます（会362条4項）。

(2)　監査等委員会設置会社

　社外取締役を通じた取締役会の監督機能の強化の要請が機関投資家等から多くあがっているものの、監査役会設置会社においては2人以上の社外監査役の選任が義務づけられており（本章第2節4「(2)　監査役の員数等」（p.22）参照）、社外取締役と社外監査役を設置することへの重複感・負担感が指摘されていました。一方、そうした重複の生じない指名委員会等設置会社については、経営陣の人事（選解任や報酬等）を指名委員会や報酬委員会に委ねることへの抵抗感等から、制度の利用は進んでいませんでした。そこで、そうした課題を踏まえ、2015年の会社法改正により監査等委員会設置会社の制度が創設されました。

　監査等委員会設置会社においては、監査役（会）設置会社と同じく、取締役会は、業務執行の決定と監督をその職務とし（会399条の13第1項1号）、業務執行は、代表取締役やその他の業務執行取締役が行います（会363条1項）。

　業務執行の決定のうち重要なものについては、原則、監査役（会）設置会社と同じ

く、取締役会から業務執行取締役に委任できないことになっています（会399条の13第4項）。しかし、社外取締役が取締役の過半数を占める場合や、定款で定めた場合には、指名委員会等設置会社と同じく、一部の基本事項を除き、取締役会の決議によって重要な業務執行の決定を業務執行取締役に委ねることが認められています（会399条の13第5項・6項）。

　また、監査等委員会設置会社では、社外取締役を複数置くことが求められており、業務を執行しない取締役を構成員とし、その過半数を社外取締役とする監査等委員会が（会331条3項・6項）、執行の監査を行うとともに監督も行い、必要に応じ株主総会において経営陣の人事（選解任や報酬等）に関して意見を述べることができるようになっています（会399条の2第3項1号、342条の2第4項、361条6項）。

　自ら業務執行をしない社外取締役を複数置くことで業務執行と監督の分離を図りつつ、経営陣の人事（選解任や報酬等）に関し、こうした社外取締役が取締役会の構成員として議決権を行使できるようにし、また監査等委員会が株主総会で意見を述べられるようにすることによって、監査・監督の実効性を高める仕組みとなっています（**本章第2節「5　監査等委員会」**（p.23）参照）。

　⑶　指名委員会等設置会社

　監査役（会）設置会社は、海外ではあまり一般的ではない機関設計です。そのため、国際金融市場において資金調達をする際、海外の投資家から理解を得るのが難しいといった事情がありました。そこで、2002年の商法改正により、海外で主流となっている機関設計を参考に、指名委員会等設置会社の制度が創設されました。

　指名委員会等設置会社においては、業務の執行は取締役会が選任する執行役が行い、取締役は原則これを行うことはできません（会418条2号、415条）。

　取締役会は、監査役（会）設置会社と同じく、業務執行の決定と監督をその職務としますが、一部の基本事項を除き、その決議によって重要な業務執行の決定を執行役に委ね、監督機能に特化することができるようになっています（会416条4項）。

　また、取締役会の内部組織として、取締役を構成員とし、その過半数を社外取締役とする指名委員会、監査委員会、報酬委員会を設置しなければならず、監査委員会が監査を担い（会404条2項）、経営陣の人事（選解任や報酬等）に関する議案については指名委員会、報酬委員会が決定権を有することとなります（会404条1項・3項）。これは、執行役による業務の執行と、取締役会による監督を切り離し、執行役による迅速な意思決定を実現するとともに、社外取締役を中心とした委員会を通じ、その監督の実効性を高めることを想定しています（**本章第2節「6　指名委員会等設置会社固有の機関」**（p.24）参照）。

　なお、監査役（会）設置会社のように取締役会自らが重要な業務執行の決定を行う

機関設計をマネジメント・モデルと呼ぶのに対し、指名委員会等設置会社や監査等委員会設置会社のように業務執行の決定を執行役や業務執行取締役に委任し、取締役会は経営の監督を主な役割としていく機関設計をモニタリング・モデルといいます（巻末【資料 1】「**株式会社の種類と機関設計**」(p.142) 参照）。

第 2 節　取締役と株式会社の機関

1　株主総会

　株主総会は、会社の所有者である株主からなる機関であって、定款変更、合併、資本金の減少、解散など、会社の基本的事項（法令・定款に定める事項）を決定し、取締役、監査役、会計参与および会計監査人の選任・解任権を有する会社の意思決定機関です。このような意味で、株主総会は「会社の最高機関」であるといわれています。ただし、取締役会設置会社においては、株主総会は、会社法に規定する事項および定款で定めた事項に限り決議することができるにとどまり（会 295 条 2 項）、万能の機関ではありません。

　株主総会にて選任され、会社の経営を任されている取締役は、決算期ごとに、株主総会を開催して、所定の事項を報告し、または承認を得なければなりません（なお、「**第 4 章　株主総会と取締役**」(p.49) 参照）。

2　取締役会

　取締役会は、3 人以上の取締役全員をもって構成される機関です（会 331 条 5 項、362 条 1 項）。取締役会の職務等は機関設計により異なる部分があります（なお、取締役会の決議事項・報告事項の詳細に関しては、**第 3 章「第 2 節　取締役会の決議事項と報告事項」**(p.35) 参照）。

(1)　監査役（会）設置会社の取締役会

　監査役（会）設置会社における取締役会は、次に掲げる職務を行います（会 362 条 2 項）。

①　会社の業務執行の決定

②　取締役の職務執行の監督

③　代表取締役の選定・解職

　①の業務執行の決定については、取締役会の決議により、重要な業務執行の決定（重要な財産の処分や重要な使用人の選任等）を除き、取締役に委任することができます（会 362 条 4 項）。

　代表取締役等は、3 カ月に 1 回以上、自己の職務の執行状況を取締役会に報告しなければならず（会 363 条 2 項）、取締役会はこうした報告内容等を通じて、②の取締役の職務執行の監督を行います。

(2)　監査等委員会設置会社の取締役会

　監査等委員会設置会社においても取締役会の職務、取締役への委任が可能な範囲、代表取締役等による職務執行状況の報告等の仕組みは、原則として、監査役（会）設置会社と同じです。ただし、取締役の過半数が社外取締役である場合または定款に定めのある場合には、取締役会の決議により、重要な業務執行の決定についても、一部の事項（経営の基本方針等）を除き、取締役に委任することができます（会 399 条の 13 第 5 項・6 項）。

(3)　指名委員会等設置会社の取締役会

　指名委員会等設置会社の取締役会は、次に掲げる職務を行います。

①　会社の業務執行の決定（会 416 条 1 項 1 号）

②　取締役・執行役等の職務執行の監督（会 416 条 1 項 2 号）

③　各委員会の委員の選定・解職（会 400 条 2 項、401 条 1 項）

④　執行役の選任・解任および代表執行役の選定・解職（会 402 条 2 項、403 条 1 項、420 条）

　取締役会は、その決議により、重要な業務執行の決定についても、一部の事項（経営の基本方針等）を除き、執行役に委任することができます（会 416 条 4 項）。

　委員会の職務の執行状況については、委員会の指名を受けた委員から必要な場合に遅滞なく、執行役の職務の執行状況ついては、執行役から 3 カ月に 1 回以上の頻度で、それぞれ取締役会に報告され（会 417 条 3 項・4 項）、取締役会はこうした報告内容等を通じて、委員会と連携し、また②の取締役や執行役の職務執行の監督を行います。

(4)　上場会社における取締役会

　上場会社に関しては、東京証券取引所が「コーポレートガバナンス・コード」を定めています。すなわち、取締役会は、株主に対する受託者責任・説明責任を踏まえ、会社の持続的成長と中長期的な企業価値の向上を促し、収益力・資本効率等の改善を図るべく、

①　企業戦略等の大きな方向性を示すこと

②　経営陣幹部による適切なリスクテイクを支える環境整備を行うこと

③　独立した客観的な立場から、経営陣（執行役およびいわゆる執行役員を含む）・取締役に対する実効性の高い監督を行うこと

をはじめとする役割・責務を適切に果たすべきという規範が示されています（基本原

則 4）。

Q6　コーポレートガバナンス・コード

コーポレートガバナンス・コードとは何ですか。

　コーポレートガバナンス・コードは、上場会社を対象に、東京証券取引所が、実効的なコーポレート・ガバナンスの実現に資する主要な原則を示したものです（巻末【**資料10**】「**コーポレートガバナンス・コード**」（p.166）参照）。

　ここでいう「コーポレート・ガバナンス」とは、会社が株主をはじめ顧客・従業員・地域社会等の立場を踏まえたうえで、透明・公正かつ迅速・果断な意思決定を行うための仕組みを意味するとされています。

　上場会社は、各金融商品取引所の上場規程においてこのコードの趣旨・精神を尊重しなければならないものとされ、コードの各原則を実施するか、実施しない場合にはその理由を説明することが求められています（いわゆる「コンプライ・オア・エクスプレイン」）。

Q7　経営会議・常務会・経営委員会

経営会議や常務会、経営委員会などの社内機関はどのような位置づけになりますか。

　法定の機関とは別に、多くの会社では、経営会議、常務会、経営委員会などの名称のもとに、任意機関を設けています。これは、各社の事業目的、活動が多様化・多角化するのに伴って、社長が自己の権限を行使するに際して、あらかじめ各業務執行部門の担当取締役の意見や進言を十分に聴き、協議する必要があるためであるといわれています。

　経営会議等の性格は各社により異なり、会社の決定機関である場合のほか、社長の諮問、補佐、協議機関である場合、またはこれらの混合形態として存在する場合もあり、一律ではありません。

3　取締役

　取締役は、代表取締役等の会社の業務を執行する業務執行取締役（会 2 条 15 号イ）と、業務の執行を行わない取締役に分かれます。取締役の員数等の所定の条件を満たす取締役会設置会社において、取締役会は、業務執行取締役の中から「特別取締役」を選定し、重要な業務執行のうち一部の決定を委ねることができます（会 373 条）。

　指名委員会等設置会社においては、会社の業務執行を執行役が担うことから、取締役は、原則、業務執行を行うことができず、取締役による監視の対象も取締役と執行

役の職務執行となるという違いがあります（会415条、416条1項2号。**本節「6　指名委員会等設置会社固有の機関」**（p.24）参照）。

　監査等委員会設置会社においては、監査等委員でない取締役の役割等は基本的に監査役（会）設置会社と同じですが、監査等委員である取締役は、それ以外の取締役と区別して株主総会の決議により選任され（会329条2項）、業務執行を行うことはできません（会331条3項）。また、兼任の制限の範囲もそれ以外の取締役とは異なります（**本節「5　監査等委員会」**（p.23）参照）。

　なお、取締役会を設置しない会社においては、代表取締役を選定しない限り、個々の取締役が代表取締役と同等の権限を有する機関となります（会349条）。

⑴　代表取締役

　代表取締役は、株主総会または取締役会で決定された事項を実際に執行するとともに、日常業務を決定し、対外的に会社を代表して行為する機関です（会349条4項）。代表取締役の員数（2名以上を選定することも可能です（同条2項））は会社によりさまざまであり、同一の会社でも、その時点における事業の展開などとの関係で増減することがあります。指名委員会等設置会社においては、業務執行権限は執行役にあるため（会418条2号、415条）、代表取締役を設置することはできませんが、他の取締役会設置会社においては必置常設の機関です（会362条3項）。取締役会を設置しない株式会社においても、複数の取締役がいる場合、任意に選定することができます（会349条3項）。

ア　選定手続

　代表取締役の選定は、取締役会設置会社においては取締役会の決議により、取締役会を設置しない会社においては、定款、定款の定めに基づく取締役の互選または株主総会の決議により行います（会362条2項3号、349条3項）。ただし、取締役会設置会社であっても、非公開会社においては、定款に定めを置くことにより株主総会にて選定を決議することも判例上、認められています。

イ　任期等

　代表取締役の任期については、会社法に特段の規定はありません。しかし、取締役たる地位がなくなれば退任したことになりますから、一般には、取締役の任期と一致します。代表取締役は、取締役の地位はそのままとして代表取締役の地位のみを辞任することができます。辞任に際して、取締役会の承認は必要ありません。取締役会は、その決議により、代表取締役をいつでも解職することができます。

　代表取締役が退任したために法定（1人）または定款所定の代表取締役の員数を欠くに至った場合には、後任者が選定され就任するまでの間、前任者が引き続き代表取締役としての権利・義務を有します（会351条）。

　ウ　地位・権限

　代表取締役は、法律上、対外的に会社を代表する権限を付与されており、その代表権の内容は「株式会社の業務に関する一切の裁判上又は裁判外の行為」に及びます（会349条4項）。

　また、代表取締役は、株主総会や取締役会で決定された事項を執行するだけでなく、通常、取締役会から委任を受け、日常の業務執行の決定も行い、加えて職務権限規程等の社内規程により、自己の決定権限や対外的な契約の締結権限等の一部を他の業務執行取締役や従業員に委譲し、業務を遂行します。

　なお、会社が「代表権の制限」を定めても、そのような制限を知らない（善意の）第三者には、当該制限があることを主張することはできません（会349条5項）。「代表権の制限」とは、たとえば、一定金額以上の借入れについては取締役会の承認を要するとしたり、代表取締役の権限の範囲を特定事項に限定したりする場合などです。

Q8　役付取締役

　役付取締役とはどのようなものですか。

　会社法上の根拠はありませんが、実務上、社長、常務取締役などの肩書のある取締役とそうでない取締役（いわゆる平取締役）を区別することがあり、これら肩書のある取締役を一般的に「役付取締役」と呼んでいます。

　会長、副会長、社長、頭取、社主、副社長、副頭取、専務取締役、常務取締役など、定款にその種類、名称、選定方法を定めている会社もあります。

　なお、役付取締役でも、代表取締役以外の者は代表権を有しません。しかし、取締役に社長、副社長その他会社を代表する権限を有するものと認められる名称を付した場合、その者が代表権を有しない場合であっても、取引の安全を確保する観点から、このような取締役（「表見代表取締役」といいます）の行為について、会社は、その者が代表権を有しないことを知らない（善意の）第三者に対してその責任を負わなければならないとされています（会354条）。

(2)　業務執行取締役

　会社の業務執行権限には、対外的業務執行権限（代表権）と対内的業務執行権限があり、会社法は、代表権の規定のほかに、対内的業務執行に関し、代表取締役および代表取締役以外で取締役会の決議によって会社の業務を執行する取締役として選定されたものに関する規定を置いています（会363条1項）。なお、これらの取締役と、それ以外の取締役で実際に会社の業務を執行した取締役を総称して「業務執行取締

役」と定義しています（会2条15号）。

　実際には、各取締役の業務分担を決め（たとえば、常務取締役営業担当）、その取締役が契約の締結などの対外的業務執行を行っていますが、これは取締役会または代表取締役の委任に基づくものと考えられています。

⑶　特別取締役

　特別取締役を選定すると、取締役会を開催しなくても、重要な業務執行のうち「重要な財産の処分及び譲受け」と「多額の借財」については、特別取締役および監査役のみが出席する会議において決定することが可能となります（会373条。**第3章第2節「2　特別取締役制度を採用している場合」**（p.38）参照）。

　指名委員会等設置会社や、監査等委員会設置会社のうち重要な業務執行の決定を取締役に委任することができる会社はこの制度を利用することはできません。

　特別取締役を選定する場合は、取締役が6人以上で、かつ社外取締役を置いていることが必要です。特別取締役は、取締役の中から3人以上（社外取締役を含むことは必要ありません）を選定します（会373条1項）。

　特別取締役が上記の重要な業務執行の決定を行った場合、特別取締役は、遅滞なく他の取締役に決議の内容を報告しなければなりません（会373条3項）。

　なお、この制度を設けるには取締役会の決議があればよく、定款の定めは必要ありません。

⑷　社外取締役

　業務を執行しない取締役のうち、現在または就任前10年間、自社や子会社において業務執行を行う役員・使用人でないことや、現在、親会社の役員・使用人でないこと等の所定の要件を満たす者を社外取締役といいます（会2条15号）。

　監査等委員会設置会社および指名委員会等設置会社においては、社外取締役を2人以上置くことが義務づけられています（会331条6項、400条3項）。また令和元年改正会社法により、監査役会設置会社（「公開会社」であり、かつ「大会社」であるものに限ります。Q9（p.21）参照）においても、上場会社等である場合には、1人以上の社外取締役の設置が義務づけられました（会327条の2）。

　社外取締役に期待される役割は、少数株主を含むすべての株主に共通する株主の共同の利益を代弁する立場にある者として業務執行者から独立した客観的な立場で会社経営の監督を行い、また、経営者あるいは支配株主と少数株主との利益相反の監督を行うこととされています。

　また、コーポレートガバナンス・コード（巻末**【資料10】「コーポレートガバナンス・コード」**（p.166）参照）では、上場会社の独立社外取締役に期待される役割・責務として以下のものが示されています（原則4-7）。

①　経営の方針や経営改善について、自らの知見に基づき、会社の持続的な成長を促し中長期的な企業価値の向上を図る、との観点からの助言を行うこと

②　経営陣幹部の選解任その他の取締役会の重要な意思決定を通じ、経営の監督を行うこと

③　会社と経営陣・支配株主等との間の利益相反を監督すること

④　経営陣・支配株主から独立した立場で、少数株主をはじめとするステークホルダーの意見を取締役会に適切に反映させること

そのうえで、こうした役割・責務の実現のため、とくにプライム市場上場会社においては、独立社外取締役を 3 分の 1 以上選任すること、さらに業種・規模・事業特性・機関設計・会社をとりまく環境等を総合的に勘案して、過半数の独立社外取締役を選任することが必要と考えるプライム市場上場会社に関しては、十分な人数の独立社外取締役を選任することを求めています（原則 4-8）。

なお、令和 2 年改正会社法施行規則により社外取締役を選任する議案に係る株主総会参考書類の記載事項として、社外取締役候補者につき、社外取締役に選任された場合に果たすことが期待される役割の概要が追加されるなど、社外取締役選任議案に係る株主総会参考書類の記載が見直されました（会規 74 条 4 項）。

また、事業年度の末日において公開会社である株式会社等については、事業報告の「社外役員の主な活動状況」として、社外取締役が果たすことが期待される役割に関して行った職務の概要の開示が求められることとなりました（会規 124 条）。

Q9　公開会社、大会社、上場会社

会社法における「公開会社」「大会社」とは、どのような会社を指しますか。「公開会社」と「上場会社」は違うものですか。

会社法では、定款の定めによる譲渡制限がない株式を一部でも発行する株式会社を「公開会社」と定め、また、最終事業年度の貸借対照表上で資本金 5 億円以上または負債総額 200 億円以上の株式会社を「大会社」と定めています（会 2 条 5 号・6 号）。「上場会社」は、公開会社のうち、金融商品取引所において株式が売買されている会社をいいます（巻末【資料 9】「会社法用語集」（p.159）参照）。

Q10　独立役員

独立役員とはどういうものですか。

　独立役員は一般株主と利益相反が生じるおそれのない社外取締役または社外監査役をいいます。東京証券取引所は、上場会社に対して、独立役員を 1 人以上確保することを義務づけています（有価証券上場規程 436 条の 2 第 1 項）。

　「一般株主と利益相反が生ずるおそれのない」者であるか否かは上場会社において実質的に判断することとされていますが、東京証券取引所は、「上場管理等に関するガイドライン」において、東京証券取引所がそのおそれがあると判断する場合の判断要素（独立性基準）を規定しています。

　この基準では、一般株主と利益相反の生じるおそれがある者として、たとえば、会社の主要な取引先である者や、役員報酬以外に多額の金銭を会社から得ているコンサルタント・法律専門家などが挙げられています。

4　監査役・監査役会

　監査役は、取締役等の職務執行を監査し、事業年度ごとに監査報告を作成する機関です（会 381 条 1 項）。監査役は、会計監査を含む業務監査を行います。ただし、監査役会や会計監査人を設置していない非公開会社に限り、定款により監査範囲を会計監査に限定することができます（会 389 条 1 項）。

⑴　監査役および監査役会の設置の要否等

　監査役の設置は、指名委員会等設置会社、監査等委員会設置会社および会計参与を設置する非公開会社のいずれにも該当しない取締役会設置会社において義務づけられています（会 327 条、328 条）。さらに、そのうち公開会社である大会社（Q9（p.21）参照）においては、監査役会の設置も義務づけられます（会 328 条 1 項）。監査役会設置義務のない会社であっても、員数等の要件を満たせば、任意で監査役会を設置することができます（会 326 条 2 項、335 条 3 項）。

　なお、監査等委員会設置会社または指名委員会等設置会社においては、監査役・監査役会を設置することはできません（会 327 条 4 項）。

⑵　監査役の員数等

　監査役の員数について、監査役会設置会社以外の場合、会社法上の定めはなく、1 人でもよいこととされていますが、定款において規定をすることが一般的になっています。一方、監査役会設置会社においては、監査役の員数は 3 人以上で、かつ、そのうち半数以上が社外監査役である必要があります（会 335 条 3 項）。また、監査役

会は、常勤監査役を選定しなければなりません（会390条3項）。

なお、社外監査役は就任の前10年間、自社や子会社において取締役や使用人等ではなかったこと等の所定の要件を満たしている者である必要があります（会2条16号）。

⑶　選任および任期

監査役は、株主総会において選任され（会329条1項）、その任期は、原則、選任後4年以内に終了する事業年度のうち、最終のものに関する定時株主総会の終結の時までとなります（会336条1項）。

ただし、任期の満了前に退任した監査役の補欠として選任された監査役の任期は、定款によりその退任した監査役の任期の満了する時までとすることができます（会336条3項）。

また、非公開会社では、定款により選任後10年以内に終了する事業年度のうち、最終のものに関する定時株主総会の終結の時まで任期を伸長することができます（会336条2項）。

⑷　監査役の兼任禁止

監査役は、自社もしくはその子会社の取締役・支配人その他の使用人または子会社の会計参与・執行役を兼ねることはできません（会335条2項）。なお、子会社の監査役を兼ねることはできます。

⑸　監査役会

監査役会は、すべての監査役で構成され、①監査報告の作成、②常勤監査役の選定・解職、③監査役の職務執行に関する事項（監査の方針、監査役会設置会社の業務および財産の状況の調査の方法等）を決定します（会390条1項・2項）。なお、監査役会の決議は、原則として、監査役の過半数をもって行われます（会393条1項）。

5　監査等委員会

監査等委員会は、取締役等の職務の執行を監査し、事業年度ごとに監査報告を作成すること等を職務とする機関です（会399条の2第3項）。監査役（会）設置会社や指名委員会等設置会社は、監査等委員会を設置することはできません（会327条4項・6項）。

⑴　監査等委員会の構成

監査等委員会は、監査等委員である取締役3人以上で構成され、その過半数は社外取締役である必要があります（会399条の2第1項、331条6項）。また、監査等委員である取締役は、自社もしくはその子会社の業務執行取締役・支配人その他の使用人または子会社の会計参与・執行役を兼ねることができません（同条3項）。なお、

常勤の監査等委員の選定は義務づけられていませんが、事業報告において選定の有無およびその理由を説明することが必要です（会規121条10号イ）。

(2)　監査等委員会の特徴

監査等委員会は、監査役会や指名委員会等設置会社における監査委員会とは異なり、監査等委員以外の取締役の選任、解任、辞任および報酬等について、株主総会での意見陳述権を有します（会342条の2第4項、361条6項、399条の2第3項）。また、原則、利益相反取引（取締役にとっての利益が会社にとっての不利益となる取引をいいます。**第5章第1節2「(2)　取締役の利益相反取引規制」**（p.77）参照）によって会社に損害が生じたときには、取締役が任務を怠ったことが推定されることになっていますが（会423条3項）、監査等委員会は監督機能を持つことから、監査等委員ではない取締役の場合には監査等委員会が事前に承認をしたときに限り、この推定が働かないこととされています（同条4項）。

(3)　監査等委員である取締役の任期

監査等委員である取締役の任期は、選任後2年以内に終了する事業年度のうち、最終のものに関する定時株主総会の終結の時までとなります（会332条1項・3項）。

6　指名委員会等設置会社固有の機関

指名委員会等設置会社においては、業務執行は原則として取締役ではなく執行役が行い、取締役会による監督機能を強化するため、指名委員会、監査委員会、報酬委員会という3つの委員会の設置が義務づけられています。

(1)　執行役

執行役は、取締役会決議により選任・解任され、取締役会決議により取締役会から委任された業務執行の決定および会社の業務執行を行います（会418条）。

執行役は、取締役と同様、会社に対して善管注意義務および忠実義務を負い、会社や第三者に対して一定の責任を負います（会402条3項、民644条、会419条2項、355条）。

執行役の任期は、定款・株主総会決議で短縮される場合を除き、選任後1年以内に終了する事業年度のうち、最終の決算期に関する定時株主総会終結後、最初に招集される取締役会終結時までです（会402条7項）。

取締役は、支配人その他の使用人を兼ねることはできませんが、執行役を兼ねることはできます（会331条4項、402条6項）。

Q11　執行役員

「執行役員」は「執行役」とは違うのですか。

　執行役員は、執行役とは異なり会社法に基づく機関ではなく、経営の意思決定の迅速化、意思決定機能と執行機能の分離および執行責任の明確化、戦略経営の強化などを目的として、各社が任意に設置する機関です。

　会社の業務執行を担う点において執行役と同じですが、その身分は各社において異なっており、会社との法律関係は、雇用型、委任型およびその混合型があるとされています。また、取締役でない執行役員に加え、取締役である執行役員を置く会社もあります。

　雇用型の場合、執行役員は、会社との雇用契約のもと、従業員と同様に会社の職務命令に従って労務を提供する義務を負います。一方、委任型の場合、執行役員は、取締役や執行役と同じく、会社との委任契約のもと受任した事務の処理にあたり、ある程度の自由裁量の権限を持つこととなるものの、解雇規制などの労働法上の保護の対象からは外れることとなります。

　各社においては執行役員の職責等を踏まえ、こうした会社との法律関係を整理し、選解任の方法や、任期、職務、報酬等の条件とともに、社内規程において規定をすることが一般的となっています。

(2)　代表執行役

　執行役が複数いる場合、取締役会は、代表執行役を選定しなければなりません。一方、執行役が1人の場合は、その執行役が代表執行役に選定されたものとみなされます（会420条1項）。代表執行役は、会社経営の執行については、ほかの機関設計の会社における代表取締役と同等に、会社の業務に関する一切の裁判上または裁判外の行為をする権限を有することとなります（同条3項、349条4項）。

(3)　指名委員会・監査委員会・報酬委員会

ア　各委員会の委員

　各委員会の委員は取締役会の決議により取締役の中から選定されます（会400条2項）。各委員会は3人以上の委員で組織され、その過半数は社外取締役である必要があります（同条1項・3項）。監査委員会の委員は、自社もしくはその子会社の執行役・業務執行取締役または子会社の会計参与・支配人その他の使用人を兼ねることはできません（同条4項）。なお、常勤の監査委員の選定は義務づけられていませんが、事業報告において選定の有無およびその理由を説明することが必要です（会規121条10号ロ）。

イ　各委員会の機能

㈗　指名委員会

指名委員会は、株主総会に提出する取締役等の選任・解任に関する議案の内容を決定します（会 404 条 1 項）。社外取締役が過半数を占める指名委員会に、取締役の選解任議案の内容の決定権限を認めることで、取締役会の監督機能の実効性が確保されることが期待されます。

㈘　監査委員会

監査委員会は、経営の基本方針等に照らし、執行役・取締役等の職務を監査し、事業年度ごとの監査報告の作成等を行い、また株主総会に提出する会計監査人の選任および解任ならびに会計監査人を再任しないことに関する議案の内容を決定します（会 404 条 2 項）。

㈙　報酬委員会

報酬委員会は、執行役・取締役等に対する報酬（給与、賞与その他財産上の利益）の内容の決定に関する方針を定め、その方針に従い、個人別の報酬額・内容を決定します。これには、使用人兼務執行役の使用人部分の報酬も含まれます（会 409 条、404 条 3 項）。

ウ　委員会の運営

委員会の指名を受けた委員は、委員会の職務執行の状況を、遅滞なく取締役会に報告しなければなりません（会 417 条 3 項）。一方、委員会には、取締役・執行役を委員会に出席させ、委員会が求める事項について説明させる権限があります（会 411 条 3 項）。

Q12　任意の報酬委員会・指名委員会

指名委員会等設置会社ではなくても、報酬委員会や指名委員会を設置することはできますか。

法定の委員会を設置することはできません。ただし、任意にこれらの事項を審議する会議体を設置することは可能です。

任意の委員会を設置する場合、取締役会が委員の構成や権限等を設計することとなります。委員会の役割は、取締役の報酬や選任に係る議案について、取締役会における決定に先立ち、取締役会から諮問を受けて検討する等とされることが一般的です。また、各取締役の報酬額の配分に関しても、最終的な決定を委員会に一任する会社もあります。

なお、会社法上、取締役会が決定しなければならないとされている取締役・監査役の選任議案の決定や、代表取締役の選定・解職等についての決定は、委員会に委ねること

はできないとされています。

　コーポレートガバナンス・コードでは、指名委員会等設置会社ではない上場会社に対し、「独立社外取締役が取締役会の過半数に達していない場合には、経営陣幹部・取締役の指名（後継者計画を含む）・報酬などに係る取締役会の機能の独立性・客観性と説明責任を強化するため、取締役会の下に独立社外取締役を主要な構成員とする独立した指名委員会・報酬委員会を設置することにより、指名や報酬などの特に重要な事項に関する検討に当たり、ジェンダー等の多様性やスキルの観点を含め、これらの委員会の適切な関与・助言を得るべきである。

　特に、プライム市場上場会社は、各委員会の構成員の過半数を独立社外取締役とすることを基本とし、その委員会構成の独立性に関する考え方・権限・役割等を開示すべきである。」との規範を示しています（補充原則 4-10 ①。巻末【資料 10】「コーポレートガバナンス・コード」（p.166）参照）。

7　会計監査人

　会計監査人は、株主総会によって選任された公認会計士または監査法人であり、会計の専門家として会社の計算書類、その附属明細書、臨時計算書類ならびに連結書類を監査し、会計監査報告を作成する義務を負っています（会396条）。

　会計監査人は、監査等委員会設置会社、指名委員会等設置会社および大会社においては設置が義務づけられますが（会327条5項、328条）、それ以外の会社においても監査役の設置があれば任意に設置することができます（会326条2項、327条3項）。

　なお、会計監査人の選任等に関する株主総会議案の内容は、経営からの独立性の確保のため、監査役（会）、監査等委員会または監査委員会が決定します（会344条、399条の2第3項、404条2項）。

　会計監査人の任期は、選任後1年以内に終了する事業年度のうち最終のものに関する定時株主総会の終結の時までとなりますが、この株主総会において、別段の決議がされない場合、再任されたものとみなされます（会338条）。

8　会計参与

　会計参与は、株主総会によって選任された公認会計士もしくは監査法人、または税理士もしくは税理士法人であり、取締役と共同して会社の計算書類等を作成し、また会計参与報告を作成する義務を負っています（会374条1項）。会計参与は、どのような機関設計の会社でも、定款で定めることで設置することができます（会326条2項）。

　この会計参与と会計監査人は並存しうることになりますが、会計参与が計算書類等を作成する機関であるのに対し、会計監査人は作成された計算書類等が会社の財産・損益の状況を正しく表しているかを監査する機関であるため、両者は異なる役割を有しています。

Q13　会社の機関設計等の登記

　会社の役員の氏名や機関設計は登記事項となりますか。

　登記事項となります。監査役（会）設置会社、指名委員会等設置会社または監査等委員会設置会社である場合などには、それぞれ、その旨を登記する必要があります。

　また、取締役、執行役、監査役等の役員に関しては氏名が登記事項となります。加えて、代表取締役、代表執行役においては住所の登記も必要です。

　登記された事項は、会社の登記簿を通じて第三者も閲覧ができるようになります。登記された事項に変更がある場合、登記の変更手続が必要です。

第 3 章
取締役会の運営

POINT

1　取締役会は、取締役全員によって構成され、会社の業務執行に関する意思決定と取締役の職務執行の監視・監督と代表取締役の選定および解職の職務を行う機関である。

2　取締役会の決議は、取締役の過半数が出席し、出席取締役の過半数をもって行われる。ただし、決議に特別の利害関係を有する取締役は、その決議に参加できない。

3　取締役会は、会社法および定款で株主総会の権限と定められた事項以外の業務執行すべてについて決定する権限を有する。

第 1 節　取締役会の運営手続

1　構成員

　取締役会は、会社の業務執行に関する意思決定と取締役の職務執行の監督と代表取締役の選定および解職の職務を行う機関であり（会 362 条 2 項）、取締役全員（最低 3 人以上）をもって構成されます（会 331 条 5 項）。

　取締役会は、個人の能力を信頼して選任され、取締役の協議・意見交換により意思決定することを求められていますので、取締役会への代理出席は認められません。

　また、監査役は、取締役の業務執行を監査する立場から、取締役会に出席し、必要があれば意見を述べなければなりませんが、議決権はありません（会 383 条 1 項）。

　なお、指名委員会等設置会社においては、次の義務を果たすために、執行役が取締役会に出席することがあります。

・執行役は、3 カ月に 1 回以上、自己の職務の執行の状況を取締役会に報告しなければなりません（会 417 条 4 項）。

・執行役は、取締役会の要求があったときは、取締役会に出席し、要求事項につき説明しなければなりません（会 417 条 5 項）。

Q14　監査役が業務監査権限を有さない場合

業務監査権限を有さない監査役は、取締役会に出席する義務がありますか。

ありません。公開会社でない会社（監査役会および会計監査人を設置した会社を除きます）では、監査役の権限を会計監査の範囲に制限できますが、この場合の監査役は、取締役会への出席義務がありません（会389条7項）。

また、監査役の権限が会計監査に限定されている場合および監査役が設置されない場合には、株主による監督権限が強化されています。たとえば、取締役が会社の目的の範囲外の行為または法令・定款違反行為をした場合（それらのおそれがある場合を含みます）には株主に取締役会の招集請求権および招集権が認められ、また、裁判所の許可なく取締役会の議事録を閲覧することができるなど、業務監査権限を有する監査役が持っている取締役の職務執行に対する監督是正権が、株主に対して与えられることになります（会367条1項等）。

Q15　取締役会の出席率

取締役会の出席率が低いとどうなりますか。

取締役会の出席率が低い取締役や監査役については、株主総会における再任議案において、反対率が高まる可能性があります。

社外役員を設けた会社は、社外役員の取締役会への出席状況等を事業報告に記載する必要があります（会規124条4号）。

取締役会への出席は役員としての基本的な職務であり、取締役会の出席率は、独立性とともに厳しい目で見られています。特段の理由なく取締役会の出席率が75％未満の社外役員の再任議案については、国内外の機関投資家が反対票を投じる可能性が高いと考えられます。

2　招集権者

(1)　通常の場合の招集権者

取締役会の招集権者は、通常、定款または取締役会規程で定められ、実務上は代表取締役がなるのが一般的です。また、招集権者に事故がある場合を想定して、次順位の招集権者も定められているのが通例です。

なお、定款または取締役会が招集権者を定めていない場合には、各取締役が取締役会を招集することができます（会366条1項）。

　監査等委員会設置会社においては、招集権者が定められている場合であっても、監査等委員会が選定する監査等委員は、取締役会を招集することができます（会 399 の 14）。

　指名委員会等設置会社においては、招集権者が定められている場合であっても、指名委員会等が選定する委員は、取締役会を招集することができます（会 417 条 1 項）。

⑵　特別な場合の招集権者

　定款または取締役会が招集権者を定めている場合、招集権者以外の取締役および監査役は、次の場合は例外的に、取締役会を自ら招集することができます。

①　招集権者以外の取締役が、取締役会を招集する必要があると認めて、招集権者に対して議題を示して、取締役会の招集を請求したにもかかわらず、請求があった日から 5 日以内に、請求した日から 2 週間以内の日を会日とする招集通知を招集権者が発しないとき（会 366 条 2 項・3 項）

②　監査役は、取締役の不正行為（当該行為をするおそれがある場合も含みます）、法令・定款違反行為その他著しく不当な事実があると認める場合、取締役会に報告する義務がありますが（会 382 条）、その報告のために取締役会の招集を請求したにもかかわらず、請求があった日から 5 日以内に、請求した日から 2 週間以内の日を会日とする招集通知を招集権者が発しないとき（会 383 条 2 項・3 項。なお、会 389 条 7 項参照）

　指名委員会等設置会社の執行役は、招集権者以外の取締役と同様に、取締役会の招集を請求することができ、請求があった日から 5 日以内に、請求した日から 2 週間以内の日を会日とする招集通知を招集権者が発しないときは、自ら招集することができます（会 417 条 2 項）。

3　招集手続

　取締役会の招集権者は、各取締役および各監査役に対して、原則として会日から 1 週間以上前に招集通知を発しなければなりません（会 368 条 1 項）。しかし、この期間は定款によって短縮することができ、多くの会社で期間を短縮しています。また、取締役・監査役全員の同意があれば、招集手続そのものを省略することもできます（同条 2 項）。

　招集通知には、取締役会の開催日時・場所および議題を記載するのが通例です。しかし、議題の記載はなくても差し支えありません。また、招集通知は文書のほか、電子メール、口頭または電話によって行うことも可能です。

Q16　取締役会の開催頻度、開催方法

　取締役会は毎月開催しなければならないのですか。また、開催方法には何らかの制限はありますか。

　取締役会の開催は、会社法上は 3 カ月に 1 回以上とされていますが（会 363 条 2 項）、月に 1 回程度開催する会社が多いのが実情です。また、開催方法については、取締役間の協議と意見の交換が自由にでき、相手方の反応がよくわかるようになっている場合、つまり、各取締役の音声と画像が即時に他の取締役に伝わり、適時的確な意見表明が互いにできる仕組みになっていれば、取締役会をテレビ会議やオンライン会議により行うことも可能とされています。また、構成員全員の同意があり、かつ、その方法によって議題について出席者が一堂に会するのと同等に自由に討論することができるものであれば、電話会議も認められています（相澤哲＝石井裕介「新会社法の解説(8)　株主総会以外の機関〔上〕」商事法務 1744 号（2005 年）103 頁）。

Q17　取締役会の議題の招集通知への記載の要否

　取締役会の招集通知に議題の記載が必要とされないのはなぜですか。また、議題を記載した場合には、その議題に関する事項以外のことを決議することはできますか。

　株主総会の場合と異なり、取締役会の招集通知には、議題の記載は必ずしも必要ありません。これは、①議題は会社の業務執行に関するものですが、取締役は会社の経営についての手腕・力量を信頼されて選任された者であり、経営に関する事項については、あらかじめ通知を受けなくてもこれに対処し決議する能力を有しているはずであること、②取締役会は臨機に必要な事項につき決定する必要があることなどの理由からです。

　招集通知に議題を記載して限定した場合に、その議題に関する事項以外のことを決議することができるかどうかについては、議論が分かれていますが、実務上は、議題を記載する場合には、特定の議題の後に「その他」と表示して、特定の議題以外にも対応できるようにしているのが通例です。取締役会は臨機に必要事項の決定を要することなどを勘案すれば、このような実務処理は適当であると思われます。

4　議　長

　取締役会の議長についても、通常、定款または取締役会決議で定められます。取締役会の招集権者の場合と同様、議長には代表取締役が就くとされていることが多いですが、社外取締役が議長を務めている会社も見られます。また、定款において、議長と定められた者に事故がある場合は、代わって議長となる者が定められていることが

通例です。

5　決議方法と特別利害関係人

(1)　決議方法

　取締役会の決議は、取締役の過半数が出席し、出席取締役の過半数の賛成により行われるのが原則です。しかし、定款によって、これらの要件を加重することは差し支えなく（会369条1項）、合弁会社の場合などにその例が見られます。

　取締役会は会議体ですので、持回りによる決議は原則として認められません。なお、定款に定めておくことで、各取締役全員が書面または電磁的記録による同意をした場合には、これにより取締役会の決議があったとみなすことができます（いわゆる書面決議。会370条）。ただし、業務監査権限を有する監査役が設置されている場合において、監査役が当該提案に異議を述べた場合には、これは認められません。

(2)　特別利害関係人

　決議につき特別の利害関係を有する取締役（特別利害関係人）は、決議の公正を期するため、その議決に加わることができません（会369条2項）。どのような場合に特別利害関係人とされるかについては会社法には具体的な定めがなく、議論のあるところですが、取締役が会社のために忠実義務（会355条）を負っていることから、次のような場合には、一般的に特別利害関係人と判断されると考えられます。

① 代表取締役解職決議における解職対象たる代表取締役
② 役付取締役解職決議における解職対象たる役付取締役
③ 競業・利益相反取引の承認決議における対象取締役

　なお、議長である取締役が議案に関して特別利害関係を有する場合（たとえば、議長である取締役社長の競業取引を審議する場合）、議長の権限を失うとする見解が一般的であり、そのまま決議をした場合には無効事由となりうるため、議長を交代するのが望ましいといえます。

　これとは逆に、次のような場合には特別利害関係人にはあたらないとされています。

① 代表取締役選定決議における選定対象たる代表取締役候補者
② 定款または株主総会で定めた取締役の報酬総額を各取締役に配分する取締役会決議

(3)　取締役会決議の瑕疵

　取締役会決議にたとえば、招集通知漏れや特別利害関係を有する取締役の参加などの手続上の瑕疵や法令・定款違反や株主総会決議への違反などの内容の瑕疵がある場合、株主総会のような特別の訴えの制度は設けられていないため、一般原則どおり、

瑕疵のある取締役会決議は無効となります。もっとも、軽微な手続上の瑕疵により取締役会決議が直ちに無効となるとは限りませんが、瑕疵が生じないよう注意が必要です。

6　議事録の作成・署名および備置・閲覧

⑴　議事録の内容

取締役会の議事については、書面または電磁的記録により議事録を作成し、署名もしくは記名押印、または電子署名しなければなりません（会369条3項・4項）。議事録の内容としては、日時および場所、議事の経過の要領および結果、出席した取締役等（テレビ会議、電話会議等で出席した場合はその旨）、議長などを記載する必要があります（会規101条）。

議事録は後述のとおり、株主・債権者による閲覧・謄写の対象となりますので（会371条2項・4項）、企業秘密など、社外に出ることにより会社経営に支障を来す事項の漏えい防止のため、議論の要点を簡潔かつ的確に記載することや、議事録に付議資料そのものを添付することは避けるなどの工夫をすることがあります。他方、議事録は株主代表訴訟など取締役の責任が追及されたときに、的確な経営判断がなされたか否かを判定する重要な証拠となりますので、投資の目的・意義など経営判断のポイントとなる事項は、なるべく議事録にとどめておくことにも留意すべきです。

⑵　議事録の作成

実務上は、会社の総務部門等の担当者が案を作成し、必要に応じて出席した取締役および監査役の確認を経て、作成義務者である取締役がその内容の真実性を判断・確認するのが通常です。

⑶　署名または記名押印

取締役会に出席した取締役および監査役は、その議事録の内容を確認したうえで、署名または記名押印しなければなりません（会369条3項）。押印する印鑑については、とくに制限はなく、原則として認印でも差し支えありませんが、代表取締役の選定時など、取締役会議事録が登記手続の添付書類となっている場合には、実印を押捺し、印鑑証明書の添付を要する場合もあります。議事録の署名（記名押印）は、作成義務者についてはその作成責任を明らかにし、その他の取締役については議事録の内容の正確性を担保する意味があるとされています。議事録が電磁的記録をもって作成されている場合には、署名または記名押印に代わる措置として、電子署名をすることとされています（会369条4項、会規225条1項6号・2項）。

⑷　議事録に異議をとどめない取締役の責任

決議に参加した取締役で、議事録に異議をとどめなかった者は、その決議に賛成し

たものと推定されます（会369条5項）。本来、取締役が決議に賛成したかどうかは、当該取締役の責任を追及する者が立証すべき事実です。しかし、会社外部の者が取締役会の審議状況を知ることは困難であることから、議事録において、決議に参加した取締役が異議をとどめなかった場合には、当該決議に賛成したものと推定し、取締役に対して立証責任の転換を図ったものといえます。

　決議に反対または留保つきで賛成した場合や決議を棄権した場合に、賛成したものと推定されないためには、その旨を明確に議事録に記載しておく必要があります。また、欠席した取締役は、取締役会でなされた決議について責任を負わないとされていますが、取締役会に欠席すること自体に正当な事由がない場合には、それが忠実義務・善管注意義務の違反として問題とされる可能性は残ります。

⑸　備置・閲覧

　取締役会議事録は、取締役会の日から10年間本店に備置されなければならず、書面決議を行った場合の同意の意思表示の書面についても同様です（会371条1項）。株主がその権利を行使するため、または会社の債権者が取締役もしくは監査役の責任を追及するため、裁判所の許可を得て取締役会議事録の閲覧・謄写を求めたときは、これに応じなければなりません（会371条2項・3項・4項）。ただし、監査役の監査の範囲が会計に限定されている会社の場合は、裁判所の許可を得ずとも、取締役会議事録の閲覧・謄写を求めることができ、会社はこれに応じる必要があります。

7　取締役会の実効性評価

　会社の課題や改善点を洗い出し、ガバナンスの高度化につなげるため、取締役会が、期待される役割をどれだけ果たせているかを評価する取締役会の実効性評価が求められています（コーポレートガバナンス・コード原則4-11）。なお、この原則を実施（コンプライ）する場合には、取締役会は、毎年、各取締役の自己評価やアンケート、インタビューなどを通じて、取締役会の運営や構成、機能などを含めた取締役会全体の実効性について分析・評価を行い、その結果の概要を開示することになります（巻末【資料10】「コーポレートガバナンス・コード」（p.166）参照）。

第 2 節　取締役会の決議事項と報告事項

1　取締役会の決議事項

⑴　決議事項

　取締役会は、会社の業務執行に関する決定権限を有していますが、すべての事項に

ついて決定することは実務的に困難であり、業務執行機関に委任することにより効率的な業務執行を確保するという要請があります。他方で、一定の重要な事項については、取締役会において慎重に意思決定する必要があります。そこで、会社法では、取締役会において必ず決定しなければならない事項（決議事項）を定めるとともに、それ以外の事項については、取締役会規則などの社内規程または個別の決議により、決定を代表取締役、業務執行取締役などに委任することができるとされています（会362条）。これは、一方では、代表取締役による専横を防止するとともに、他方では、業務執行の決定について機動的な運用を認めたものです。

　会社法で、取締役会において決定すべきものと法定されている事項は、その決定を取締役に委任することはできません。株主総会の招集、代表取締役の選定および解職など個々の条文で具体的に定められている事項（会298条4項、362条2項3号等）のほか、重要な業務執行の決定事項として、次の7つが例示列挙されています（会362条4項各号）。

① 　重要な財産の処分および譲受け

② 　多額の借財

③ 　支配人その他の重要な使用人の選任および解任

④ 　支店その他の重要な組織の設置、変更および廃止

⑤ 　会社法676条1号に掲げる事項（募集社債の総額等）その他社債を引き受ける者の募集に関する事項として法務省令で定める事項（会規99条）

⑥ 　取締役の職務の執行が法令および定款に適合することを確保するための体制その他株式会社の業務ならびに当該株式会社およびその子会社から成る企業集団の業務の適正を確保するために必要なものとして法務省令で定める体制の整備（会規100条）

⑦ 　会社法426条1項の規定による定款の定めに基づく同法423条1項の責任の免除

この判断基準となる「重要な」「多額の」とは、会社の規模、総資産や利益に占める割合、その目的等を総合的に考慮して判断すべきものとされています。

　実務上、各社の具体的な決議事項は、定款、取締役会規則、内規などで定められています（**Q21**（p.43）参照）。

　また、取締役会の決議事項は取締役会で決定し、代表取締役はその決定に従って業務執行をしなければなりません。したがって、取締役会で緊急に決定すべき事項が発生したときは、臨時取締役会を開催するか、または定款で定めている場合は取締役全員による「書面または電磁的記録による同意」によって決定することになります。しかしながら、時間的余裕がなく、決定の遅延が会社に損害を与えるような場合は、代

表取締役の責任で決定することができると解されています。この場合は、事後すみやかに取締役会の承認を受ける必要があります。

　なお、取締役会の決議に違反した代表取締役の行為、または取締役会の決議が必要であるにもかかわらず、これを欠く代表取締役の行為の効力は、すべて当然に無効とされるわけではなく、善意の第三者には無効を主張できない（第三者に無過失まで要求するかについては見解が分かれています）と解されています。

　監査等委員会設置会社においては、取締役の過半数が社外取締役である場合には、取締役会決議により、監査役（会）設置会社の取締役会決議事項とされている重要な業務執行（株主総会の招集に関する事項の決定、利益相反取引の承認など所定の重要事項を除きます。以下同じ）について、取締役に決定させることができます（会399条の13第5項）。

　指名委員会等設置会社の場合も同様に、取締役会決議により、監査役（会）設置会社の取締役会決議事項とされている重要な業務執行の一部について、執行役に決定させることができます（会416条4項）。

⑵　内部統制システムの構築

　大会社である取締役会設置会社は、「取締役（指名委員会等設置会社の場合は、執行役）の職務の執行が法令及び定款に適合することを確保するための体制その他株式会社の業務並びに当該株式会社及びその子会社から成る企業集団の業務の適正を確保するために必要なものとして法務省令で定める体制の整備」（いわゆる内部統制システム）を取締役会において決議することが義務づけられています（会362条4項6号・5項）。監査等委員会設置会社および指名委員会等設置会社の取締役会においても同様です（会399条の13第1項1号ハ、416条1項1号ホ）。監査役（会）設置会社の場合、「法務省令で定める体制」の詳細は、次のとおりです（会規100条1項・3項）。

① 　取締役の職務の執行が法令および定款に適合することを確保するための体制

② 　取締役の職務の執行に係る情報の保存および管理に関する体制

③ 　損失の危険の管理に関する規程その他の体制

④ 　取締役の職務の執行が効率的に行われることを確保するための体制

⑤ 　使用人の職務の執行が法令および定款に適合することを確保するための体制

⑥ 　次に掲げる体制その他の株式会社ならびにその親会社および子会社からなる企業集団における業務の適正を確保するための体制

　　・子会社の取締役等の職務の執行に係る事項の当該株式会社への報告に関する体制

　　・子会社の損失の危険の管理に関する規程その他の体制

　　・子会社の取締役等の職務の執行が効率的に行われることを確保するための体制

・子会社の取締役等および使用人の職務の執行が法令および定款に適合すること
を確保するための体制

⑦　監査役がその職務を補助すべき使用人（補助使用人）を置くことを求めた場合
における当該使用人に関する事項

⑧　上記補助使用人の取締役からの独立性に関する事項

⑨　上記補助使用人に対する監査役の指示の実効性の確保に関する事項

⑩　次に掲げる体制その他の当該監査役（会）設置会社の監査役への報告に関する
体制

・取締役および会計参与ならびに使用人が当該監査役（会）設置会社の監査役に
報告をするための体制

・子会社の取締役等またはこれらの者から報告を受けた者が当該監査役（会）設
置会社の監査役に報告をするための体制

・上記の報告をした者が当該報告をしたことを理由として不利な取扱いを受けな
いことを確保するための体制

・監査役の職務の執行について生ずる費用の前払いまたは償還の手続その他の当
該職務の執行について生ずる費用または債務の処理に係る方針に関する事項

⑪　その他監査役の監査が実効的に行われることを確保するための体制

そのうえで、この内部統制システム構築の決議の内容およびその運用状況の概要
を、事業報告により開示しなければなりません（会規118条2号）。

内部統制システムに関しては、大和銀行株主代表訴訟事件（大阪地判平12・9・20
判時1721号3頁）や神戸製鋼所株主代表訴訟事件における和解に際しての裁判所の所
見（神戸地裁平14・4・5商事法務1626号52頁）において、取締役に内部統制システ
ムを構築（整備）する義務があることが示され、法制化の契機となりました。日本シ
ステム技術事件（最判平21・7・9判時2055号147頁）においては、最高裁判所が、取
締役らが負うべき内部統制システム構築義務を認める初の判断を示しました。内部統
制システム整備の具体的な水準については、各社の判断に委ねられていますが、企業
不祥事の未然防止等を図り、ひいては企業価値を向上させるため、それぞれの会社の
実態・特性に適したコーポレート・ガバナンス、リスク管理、内部統制システムを自
主的に構築していくことが重要となります。

2　特別取締役制度を採用している場合

⑴　特別取締役による決議事項

取締役会決議に基づき、特別取締役制度（**第2章第2節3「⑶　特別取締役」**（p.20）
参照）を採用している会社においては、取締役会決議事項である「重要な財産の処分

及び譲受け」と「多額の借財」を特別取締役による取締役会で決議することができます。なお、特別取締役制度を採用する場合であっても、「重要な財産の処分及び譲受け」と「多額の借財」について、通常の取締役会で決議することも可能です（会 373 条 2 項）。

⑵　特別取締役による取締役会の運営

特別取締役の互選により定められた者は、特別取締役による取締役会の決議後遅滞なく、決議の内容を他の取締役に報告しなければなりません（会 373 条 3 項）。

監査役が複数いる場合は、監査役の互選により出席すべき監査役を定めた場合は当該監査役のみが特別取締役による取締役会に出席すれば足ります。この特別取締役による取締役会は、あくまで取締役会の一種ですので、その他は原則として、取締役会の規定が適用されます。

なお、特別取締役による議決の定めがある旨、特別取締役の氏名、社外取締役であるものについてはその旨の登記が必要となります（会 911 条 3 項 21 号）。

Q18　経営会議等における決定の意義

経営会議等で決定された事項を、さらに取締役会で決議する必要はありますか。

取締役会は会社の業務執行に関する法律上の意思決定機関であり、会社法により取締役会決議が必要とされている事項（取締役会決議事項）を一部の取締役（一部の取締役で構成される経営会議等を含みます）に決定させることは許されません。したがって、取締役会決議事項については、たとえ経営会議等で決定されたとしても、取締役会の決議が必要です。しかし、会社法が定める取締役会決議事項以外の業務執行に関する事項については、取締役会の授権により経営会議や個々の取締役、執行役、執行役員が決定することは差し支えありません（経営会議等については、**Q7**（p.17）参照）。

Q19　特別取締役による取締役会の決議

特別取締役による取締役会の決議により決定された事項を、さらに取締役会で決議する必要はありますか。

特別取締役による取締役会は、あくまで取締役会の一種ですので、ここで決議された事項をさらに取締役会で決議する必要はありません。なお、特別取締役による取締役会と通常の取締役会で同一事項について異なる決議がなされた場合は、後の決議が有効な決議となります。

3　取締役会の報告事項

(1)　業務執行の報告

　取締役会が取締役の職務執行の監督および会社の業務執行の決定を適切に行うためには、その構成員である各取締役は、会社の業務執行状況について、十分な情報を得る必要があります。このため、代表取締役および業務執行取締役は、自己の職務の執行の状況を、3カ月に1回以上取締役会に報告しなければなりません（会363条2項）。

　この報告について、代表取締役および業務執行取締役が他の取締役に行わせることは差し支えありません。

　報告は、受注、売上げ、損益、収支などの状況のほか、総務、法務、人事、財務、資材、研究開発、生産などの各部門の重要事項について行います。

(2)　その他の報告事項

　取締役が競業取引または利益相反取引を行う場合は、取締役会の承認を要しますが、当該取引を行った取締役は、遅滞なくその取引に関する重要な事実を取締役会に報告しなければなりません（会365条2項。なお、**第5章第1節2「(1)　取締役の競業取引規制」**（p.75）および**「(2)　取締役の利益相反取引規制」**（p.77）参照）。

(3)　報告の省略

　取締役が他の取締役および監査役の全員に対して、取締役会で報告すべき事項を通知したときは、当該事項を取締役会で報告する必要はありません（会372条1項）。ただし、取締役会の形骸化の防止、取締役会による監督の実効性の確保のため、前記**「(1)　業務執行の報告」**については、現実に取締役会を開催しなければならないものとされています（同条2項）。

Q20　各機関設計における取締役会の違い

　監査役（会）設置会社／監査等委員会設置会社／指名委員会等設置会社において、取締役会の位置づけや運営方法には、どのような違いがありますか。

---

　① 取締役会の位置づけおよび役割の違い

　監査役（会）設置会社においては、取締役会が業務執行の決定を行い、その決定に基づき取締役が業務執行を行います。重要な財産の処分等、取締役会の専決事項が多く、それらに関しては代表取締役等へ権限を委譲することはできません。

　監査等委員会設置会社および指名委員会等設置会社においても、取締役会が業務執行

の決定を行いますが、**本節1「⑴　決議事項」**（p.35）記載のとおり、重要な財産の処分等、監査役（会）設置会社では取締役会の専決事項とされる項目であっても、一定の範囲において、取締役または執行役への委任が認められています。これらの機関設計においては、社外取締役が過半数を占める委員会による監査・監督機能を前提に、取締役会の果たす「監督機関」としての役割が重視されていることから、このような制度設計となっています。

　②　取締役会の運営の違い

　取締役会の招集手続・決議・議事録等の運営に関しては、いずれの機関設計を選択した場合でも原則として同じです。ただし、監査等委員会設置会社および指名委員会等設置会社においては、**本章第1節2「⑴　通常の場合の招集権者」**（p.30）および**「⑵　特別な場合の招集権者」**（p.31）記載のとおり、委員会が選定する委員に招集権、執行役に招集請求権（一定の場合には招集権）が与えられています。

第3節　取締役の職務執行と監査役

1　取締役の職務執行に対する監査役の権限

⑴　業務・財産調査権

　監査役は、いつでも取締役および会計参与ならびに支配人その他の使用人に対して事業の報告を求め、または会社の業務および財産の状況を調査することができます（会381条2項）。また、親会社の監査役は、その職務を行うため必要があるときは、子会社に対して事業の報告を求め、または子会社の業務および財産の状況を調査することができます（同条3項）。

⑵　取締役会への出席および意見陳述義務・取締役会招集権

　監査役は、取締役会に出席する義務があり、また、必要があると認めるときは意見を述べなければなりません。ただし、特別取締役により構成される取締役会には、すべての監査役が出席する必要はなく、互選により出席する監査役を定めることができます（会383条1項）。

　また、監査役は、取締役の不正行為（当該行為をするおそれがある場合も含みます）、法令・定款違反行為、その他著しく不当な事実があると認める場合、取締役会に報告する義務があり（会382条）、その報告のために必要があると認めるときは、取締役に対して取締役会の招集を請求することができます（会383条2項）。そして、当該請求の日から5日以内に、その請求があった日から2週間以内の日を会日とする招集通知が発せられない場合には、監査役自らが取締役会を招集することができます

（同条3項）。

⑶　差止請求権

　監査役は、取締役が会社の目的の範囲外の行為その他法令もしくは定款に違反する行為をし、またはこれらの行為をするおそれのある場合において、当該行為によって会社に著しい損害の生ずるおそれのあるときは、当該取締役に対し、当該行為の差止めを請求することができます（会385条1項）。

⑷　株主総会提出書類の調査・報告義務

　監査役は、取締役が株主総会に提出しようとする議案、書類、電磁的記録その他資料を調査しなければなりません。この場合に、法令もしくは定款に違反し、または著しく不当な事項があると認めるときは、その調査結果を株主総会に報告しなければなりません（会384条、会規106条）。

⑸　株主代表訴訟における会社の補助参加に対する同意権

　会社が被告である取締役を補助するため、責任追及等の訴え（株主代表訴訟）に参加する場合には、監査役全員（監査等委員会設置会社および指名委員会等設置会社の場合は、監査（等）委員全員）の同意を得なければなりません（会849条3項）。

2　監査役の選任等に関する監査役（会）の権利等

　取締役は、監査役の選任に関する議案を株主総会に提出するに際して、監査役の同意（監査役が2人以上いる場合には、その過半数の同意。監査役会設置会社の場合には、監査役会の同意）を得なければなりません（会343条1項・3項）。また、監査役は、取締役に対して、監査役の選任を株主総会の目的とすること、または監査役の選任に関する議案を株主総会に提出することを請求することができます（同条2項・3項）。

　会計監査人の選任および解任ならびに会計監査人を再任しないことに関する議案の内容は、監査役が決定（監査役が2人以上いる場合には、その過半数をもって決定。監査役会設置会社の場合には、監査役会が決定）するものとされています（会344条）。会計監査人の報酬等を定める場合、取締役は、監査役の同意（監査役が2人以上いる場合には、その過半数の同意。監査役会設置会社の場合には、監査役会の同意）を得なければなりません（会399条1項・2項）。

Q21　取締役会決議事項

取締役会決議事項は具体的にどのような内容ですか。

　監査役（会）設置会社、監査等委員会設置会社、指名委員会等設置会社でそれぞれ主に次のような事項が法定されています。

監査役（会）設置会社の場合
1. 業務執行の決定（会 362 条 2 項 1 号）
   ①　重要な財産の処分および譲受け
   ②　多額の借財
   ③　支配人その他の重要な使用人の選任および解任
   ④　支店その他の重要な組織の設置、変更および廃止
   ⑤　社債を引き受ける者の募集に関する重要な事項
   ⑥　取締役の職務の執行が法令および定款に適合することを確保するための体制その他株式会社の業務ならびに当該株式会社およびその子会社から成る企業集団の業務の適正を確保するために必要なものとして法務省令で定める事項（いわゆる内部統制システム）
   ⑦　役員等の任務懈怠責任の免除
2. 株主総会に関する事項
   ①　株主総会の招集（会 298 条、296 条）
   　・日時および場所、議題、議案、書面投票採用、議決権行使の電子化などの決定
   ②　株主総会の招集権者および議長となるべき代表取締役などの順序
   ③　株主総会の決議により授権された事項（取締役の報酬の配分など）の決定
3. 役員および使用人に関する事項
   ①　代表取締役の選定および解職（会 362 条 2 項 3 号）
   ②　特別取締役の選定（会 373 条 1 項）
   ③　業務執行取締役の選定および解職（会 363 条 1 項 2 号）
   ④　業務の執行の社外取締役への委託（会 348 条の 2 第 1 項）
   ⑤　取締役の担当の決定（監査報告の通知を受ける取締役（特定取締役などを含む））（計規 124 条 4 項）
   ⑥　取締役の競業取引の承認（会 356 条、365 条）
   ⑦　取締役と会社の利益相反取引の承認（会 356 条、365 条）
   ⑧　取締役の個人別の報酬等の内容についての決定方針（公開会社かつ大会社である監査役会設置会社に限る。会 361 条 7 項）
   ⑨　支配人の選任および解任（会 362 条 4 項 3 号）
   ⑩　事業部長その他重要な使用人の選任および解任（会 362 条 4 項 3 号）

⑪　定款の授権に基づく取締役および監査役の賠償責任の軽減（会362条4項7号、426条）

⑫　取締役会を招集する取締役の決定（会366条1項ただし書）

⑬　補償契約の内容の決定（会430の2第1項）

⑭　役員等賠償責任保険契約の内容の決定（会430条の3第1項）

4．組織・規則に関する事項

①　支店の設置、変更および廃止（会362条4項4号）

②　事業部などの重要な組織の設置、変更および廃止（会362条4項4号）

③　取締役会規則の制定・改正

④　株式取扱規則の制定・改正

⑤　重要な業務規程の制定・改廃

5．株式に関する事項

①　譲渡制限付株式の譲渡の承認、譲渡の相手方の指定（承認機関を取締役会としている場合）（会139条、136条、137条、140条4項）

②　譲渡制限付新株予約権の譲渡の承認（承認機関を取締役会としている場合）（会265条1項）

③　定款授権による市場取引等による自己株式の取得（会165条3項）

④　子会社からの自己株式の取得（会163条）

⑤　取得条項付株式の取得日、取得する株式などの決定（会168条1項、169条2項）

⑥　自己株式の消却（会178条2項）

⑦　株式の無償割当て（会186条3項）

⑧　所在不明株主の株式の売却（会197条4項）

⑨　一株に満たない端数の買取り（会234条5項）

⑩　基準日の決定、基準日後に株主になった者のうち議決権を行使できる株主の決定（会124条1項〜4項）

⑪　単元株式数の減少またはその定款の定めの廃止（会195条）

6．資金調達に関する事項

①　募集株式の募集事項の決定（公開会社でない会社および有利発行を除く）（会201条1項）

②　新株予約権の発行に関する事項の決定（公開会社でない会社および有利発行を除く）（会240条1項）

③　社債の募集事項の決定（会362条4項5号）

④　新株予約権付社債の募集事項の決定（有利発行を除く）（会240条1項）

⑤　多額の借財（会362条4項2号）

・銀行等の金融機関からの借入れ、債務保証、債務保証予約、リース契約、手形割引など

7．会社の計算に関する事項

　① 中間配当の実施（定款で定めがある場合）（会 454 条 5 項）

　② 剰余金の配当（一定の基準を満たし、定款で定めがある場合のみ）（会 459 条）

　③ 計算書類および事業報告ならびに附属明細書の承認（会 436 条 3 項）

　④ 臨時計算書類の承認（会 441 条 3 項）

　⑤ 連結計算書類の承認（会 444 条 5 項）

8. 事業再編に関する事項（会 362 条 4 項。株主総会決議による承認が必要なものを含む）

　① 事業譲渡・譲受などの内容の決定

　② 合併契約の内容の決定

　③ 吸収分割契約の内容の決定

　④ 新設分割計画の内容の決定

　⑤ 株式交換契約の内容の決定

　⑥ 株式移転計画の内容の決定

　⑦ 株式交付計画の内容の決定

9. 内部統制システム

　取締役の職務の執行が法令および定款に適合することを確保するための体制その他業務ならびに当該株式会社およびその子会社から成る企業集団の業務の適正を確保するための体制の整備（会 362 条 4 項 6 号）

10. その他の重要な業務執行

　① 重要な財産の処分および譲受け（会 362 条 4 項 1 号）

　　・「財産」には、不動産、営業、知的財産権、金銭、有価証券などを含む

　　・「処分」には、寄付、出資、貸与、担保の提供および債務の免除を含む

　　・「譲受け」には、賃借を含む

　② 重要な契約の締結および変更（会 362 条 4 項）

　③ その他取締役会が必要と認めた事項

監査等委員会設置会社の場合

1. 業務執行の決定（会 399 条の 13 第 1 項 1 号）

　① 経営の基本方針

　② 監査等委員会の職務の執行のために必要なものとして法務省令で定める事項

　③ 取締役の職務の執行が法令および定款に適合することを確保するための体制その他株式会社の業務ならびに当該株式会社およびその子会社から成る企業集団の業務の適正を確保するために必要なものとして法務省令で定める事項（いわゆる内部統制システム）

2. 株主総会に関する事項

　株主総会の招集（会 399 条の 13 第 5 項 4 号・5 号）

　　・日時および場所、議題、議案、書面投票採用、議決権行使の電子化などの決定

　　・株主総会に付議する議案の内容の決定（ただし、会計監査人の選任・解任ならび

　　　に会計監査人を再任しないことに関するものを除く）
　3．役員に関する事項
　　① 　代表取締役の選定および解職（会 399 条の 13 第 1 項 3 号）
　　② 　業務の執行の社外取締役への委託（会 399 条の 13 第 5 項 6 号）
　　③ 　取締役の個人別の報酬等の内容についての決定方針（会 399 条の 13 第 5 項 7 号）
　　④ 　取締役会を招集する取締役の決定（会 399 条の 13 第 5 項 9 号）
　　⑤ 　取締役の競業取引および会社との利益相反取引の承認（会 399 条の 13 第 5 項 8
　　　号）
　　⑥ 　定款の授権に基づく取締役会決議による取締役の会社に対する賠償責任の軽減
　　　（会 399 条の 13 第 5 項 11 号）
　　⑦ 　補償契約の内容の決定（会 399 条の 13 第 5 項 12 号）
　　⑧ 　役員等賠償責任保険契約の内容の決定（会 399 条の 13 第 5 項 13 号）
　4．株式に関する事項
　　① 　譲渡制限付株式の譲渡の承認、譲渡の相手方の指定（会 399 条の 13 第 5 項 1 号）
　　② 　定款授権に基づく自社株式の市場取引等による取得（会 399 条の 13 第 5 項 2 号）
　　③ 　譲渡制限付新株予約権の譲渡の承認（会 399 条の 13 第 5 項 3 号）
　5．会社の計算に関する事項
　　① 　計算書類、事業報告および附属明細書、臨時計算書類ならびに連結計算書類の承
　　　認（会 399 条の 13 第 5 項 14 号）
　　② 　剰余金の配当（一定の基準を満たし、定款で定めがある場合のみ）（会 459 条 1
　　　項）
　　③ 　中間配当の実施（定款で定めがある場合）（会 399 条の 13 第 5 項 15 号）
　6．事業再編に関する事項
　　① 　事業譲渡・譲受などの内容の決定（株主総会決議が不要なものを除く）（会 399
　　　条の 13 第 5 項 16 号）
　　② 　合併契約の内容の決定（株主総会決議が不要なものを除く）（会 399 条の 13 第 5
　　　項 17 号）
　　③ 　吸収分割契約の内容の決定（株主総会決議が不要なものを除く）（会 399 条の 13
　　　第 5 項 18 号）
　　④ 　新設分割計画の内容の決定（株主総会決議が不要なものを除く）（会 399 条の 13
　　　第 5 項 19 号）
　　⑤ 　株式交換契約の内容の決定（株主総会決議が不要なものを除く）（会 399 条の 13
　　　第 5 項 20 号）
　　⑥ 　株式移転計画の内容の決定（会 399 条の 13 第 5 項 21 号）
　　⑦ 　株式交付計画の内容の決定（株主総会決議が不要なものを除く）（会 399 条の 13
　　　第 5 項 22 号）
　7．その他

　会社が監査等委員に対して訴えを提起する場合、または監査等委員が会社に対して訴えを提起する場合で、監査等委員が訴訟の当事者である場合の会社を代表する者の決定（会 399 条の 13 第 5 項 10 号）

指名委員会等設置会社の場合
1. 業務執行の決定（会 416 条 1 項 1 号）
　① 経営の基本方針
　② 監査委員会の職務の執行のために必要なものとして法務省令で定める事項
　③ 執行役が 2 人以上ある場合における執行役の職務の分掌および指揮命令の関係その他の執行役相互の関係に関する事項
　④ 取締役会の招集の請求を受ける取締役の決定
　⑤ 執行役の職務の執行が法令および定款に適合することを確保するための体制その他株式会社の業務ならびに当該株式会社およびその子会社から成る企業集団の業務の適正を確保するために必要なものとして法務省令で定める事項（いわゆる内部統制システム）
2. 株主総会に関する事項
　株主総会の招集（会 416 条 4 項 4 号・5 号）
　　・日時および場所、議題、議案、書面投票採用、議決権行使の電子化などの決定
　　・株主総会に付議する議案の内容の決定（ただし、取締役、会計参与および会計監査人の選任・解任ならびに会計監査人を再任しないことに関するものを除く）
3. 取締役、執行役に関する事項
　① 執行役等の職務の執行の監督（会 416 条 1 項 2 号）
　② 取締役会を招集する取締役の決定（会 416 条 4 項 8 号）
　③ 業務の執行の社外取締役への委託（会 416 条 4 項 6 号）
　④ 取締役または執行役の競業取引および会社との利益相反取引の承認（会 416 条 4 項 7 号）
　⑤ 委員（指名・報酬・監査）の選定および解職（会 416 条 4 項 9 号）
　⑥ 執行役の選任および解任（会 416 条 4 項 10 号）
　⑦ 代表執行役の選定および解職（会 416 条 4 項 12 号）
　⑧ 定款の授権に基づく取締役会決議による取締役の会社に対する賠償責任の軽減（会 416 条 4 項 13 号）
　⑨ 補償契約の内容の決定（会 416 条 4 項 14 号）
　⑩ 役員等賠償責任保険契約の内容の決定（会 416 条 4 項 15 号）
4. 株式に関する事項
　① 譲渡制限付株式の譲渡の承認、譲渡の相手方の指定（会 416 条 4 項 1 号）
　② 定款授権に基づく自社株式の市場取引等による取得（会 416 条 4 項 2 号）
　③ 譲渡制限付新株予約権の譲渡の承認（会 416 条 4 項 3 号）

5.　会社の計算に関する事項

① 計算書類、事業報告および附属明細書、臨時計算書類ならびに連結計算書類の承認（会 416 条 4 項 16 号）

② 剰余金の配当（一定の基準を満たし、定款で定めがある場合のみ）（会 459 条 1 項）

③ 中間配当の実施（定款で定めがある場合）（会 416 条 4 項 17 号）

6.　事業再編に関する事項

① 事業譲渡・譲受などの内容の決定（株主総会決議が不要なものを除く）（会 416 条 4 項 18 号）

② 合併契約の内容の決定（株主総会決議が不要なものを除く）（会 416 条 4 項 19 号）

③ 吸収分割契約の内容の決定（株主総会決議が不要なものを除く）（会 416 条 4 項 20 号）

④ 新設分割計画の内容の決定（株主総会決議が不要なものを除く）（会 416 条 4 項 21 号）

⑤ 株式交換契約の内容の決定（株主総会決議が不要なものを除く）（会 416 条 4 項 22 号）

⑥ 株式移転計画の内容の決定（会 416 条 4 項 23 号）

⑦ 株式交付計画の内容の決定（株主総会決議が不要なものを除く）（会 416 条 4 項 24 号）

7.　その他

会社が監査委員に対して訴えを提起する場合、または監査委員が会社に対して訴えを提起する場合で、監査委員が訴訟の当事者である場合の会社を代表する者の決定（会 416 条 4 項 11 号）

第 4 章

株主総会と取締役

第1節　構成員と決議事項・報告事項

1　構成員

　株主総会は、株主を構成員とする会社の必要的機関で、取締役の選任・解任の権限を有し、会社の定款変更、合併その他会社の組織などに関する重要事項について、法律および定款の定めに従い会社の意思を決定します。

　株主総会において、各株主は、1株（または1単元）について1個の議決権を有するのが原則ですので、単元未満株主（や端株主）は議決権を持ちません（会308条1項ただし書）。また、たとえば、次のような株式を有する株主は、その株式については議決権を有せず、または行使できません。

① 　会社が有する自己の株式（会 308 条 2 項）

② 　A 社が B 社（会社（外国会社を含みます）、組合（外国における組合に相当するものを含みます）その他これらに準ずる事業体）の議決権の 25 ％以上を有している場合における B 社が有する A 社の株式（会 308 条 1 項、会規 67 条。子会社の有する親会社株式はこれに含まれます）

③ 　議決権制限株式（会 108 条 1 項 3 号）における議決権制限事項

2　決議事項

　取締役会設置会社については、株主総会で決議しうる事項は、法律および定款で定められた事項に限定されています（会 295 条 2 項）。

　また、法律で定められた株主総会の決議事項を、取締役会等の株主総会以外の機関の決議事項とする定款の定めは無効となります（会 295 条 3 項）。

　法律の規定により株主総会の決議事項とされている主要な事項を決議方法に従って列挙すると、次のようになります（なお、巻末【資料 3】「株主総会の決議事項の定足数と議決要件」(p.147) 参照）。

⑴　普通（通常）決議事項

　議決権を行使できる株主の議決権の過半数にあたる株式を有する株主が出席し（定足数）、その議決権の過半数をもって決議されます。なお、定足数については、定款の規定によって排除することができ（会 309 条 1 項）、実際にも、ほとんどの会社が定款で排除しています。ただし、取締役・監査役を選任または解任する決議の定足数は、定款の規定によっても、これを総株主の議決権の 3 分の 1 未満に引き下げることはできません（会 341 条）。

　主な普通決議事項は、次のとおりです。

① 　剰余金の配当

　　なお、会計監査人を設置しており、取締役（監査等委員会設置会社にあっては、監査等委員である取締役以外の取締役）の任期を 1 年としている会社（監査役会を置かずに監査役を設置している会社を除きます）は、剰余金の配当等を、定款で取締役会の決議事項とする旨を定めることができます。ただし、この定款規定は、会社の最終事業年度に係る計算書類について、会計に係る監査報告に無限定適正意見が付され、監査役会、監査等委員会または監査委員会から不相当との意見が出されていない場合に限り、効力を有します（会 459 条 1 項・2 項）。

② 　取締役の選任および解任（監査等委員である取締役の解任は特別決議です）（会 329 条 1 項・2 項、339 条 1 項）

③ 　監査役の選任（監査役の解任は特別決議です）（会 329 条 1 項、339 条 1 項、309 条

２項７号）（監査等委員会設置会社、指名委員会等設置会社を除きます）

④　会計監査人の選任および解任（会 329 条 1 項、339 条 1 項）

⑤　取締役・監査役の報酬等の決定（退職慰労金の決定を含みます）（会 361 条、387 条）

⑥　取締役との補償契約の締結（会 430 条の 2 第 1 項）（取締役会設置会社の場合は取締役会決議です）

⑦　取締役との役員等賠償責任保険契約の締結（会 430 条の 3 第 1 項）（取締役会設置会社の場合は取締役会決議です）

⑵　特別決議事項

議決権を行使できる株主の議決権の過半数にあたる株式を有する株主が出席し（定足数）、その議決権の 3 分の 2 以上にあたる多数をもって決議されます（会 309 条 2 項）。

なお、定款に定めることによって、定足数を議決権の行使ができる株主の議決権の 3 分の 1 以上まで引き下げることができるとともに、議決権の 3 分の 2 以上という議決要件も厳格にすることができます（たとえば、「4 分の 3 以上」「株主全員の同意」等）。

主な特別決議事項は、次のとおりです。

①　定款の変更

②　事業の全部または重要な一部の譲渡、他の会社の事業全部の譲受け（ただし、簡易または略式の手続制度があります）、重要な子会社の譲渡

③　監査役および監査等委員である取締役の解任（監査等委員ではない取締役の解任は普通決議です）

④　役員等の責任の一部免除の決定

⑤　新株・新株予約権の有利発行

⑥　株式併合

⑦　資本金額の減少

⑧　合併契約・吸収分割契約・新設分割計画・株式移転計画・株式交付計画・株式交換契約の承認

⑨　解散

⑶　特殊の決議事項

前記「⑵　**特別決議事項**」よりも、さらに厳格な要件が定められている決議事項があります。

たとえば、全株式について株式の譲渡制限を定める定款変更決議は、議決権を行使することのできる株主の半数以上で、かつその株主の議決権の 3 分の 2 以上にあた

る多数の議決を必要とします（会309条3項）。また、公開会社でない株式会社において、剰余金の配当、残余財産の分配または株主総会における議決権に関し、株主ごとに異なる取扱いを行う旨を定款で定める際には、総株主の半数以上で、かつ、総株主の議決権の4分の3以上にあたる多数の議決が必要です（同条4項）。

Q22　勧告的決議

勧告的決議とは何でしょうか。

会社法や定款で定められた株主総会の決議事項ではありませんが，株主総会での議案として株主の意思の確認を行う場合の決議を勧告的決議といいます。

たとえば，敵対的買収防衛策の導入については，会社法や定款で定める株主総会の決議事項でない場合でも，株主の意思を確認するために勧告的決議として議場に諮るケースも多く見られます。

3　報告事項

定時株主総会での主な報告事項は、次のとおりです。
① 事業報告（会438条3項）
② 会計監査人設置会社における計算書類（会439条）
③ 会計監査人設置会社における連結決算書類および連結計算書類の監査の結果（会444条7項）

第2節　招集権者と招集手続

1　招集権者

株主総会は、取締役会が日時・場所、会議の目的事項等を決議し、取締役がその決議に基づいて招集するのが原則です（会298条1項・4項）。株主総会の招集は、対外的に会社を「代表」する行為とは位置づけられておらず（会296条3項）、指名委員会等設置会社であっても招集を行うのは、代表執行役ではなく取締役となります。ただし、代表執行役が招集する場合、取締役を兼務していれば問題はないと解されます。

なお、この例外として、少数株主による株主総会招集の制度が認められています（会297条1項）。すなわち、6カ月前から引き続き総株主（株主総会の目的事項につき

議決権を行使できる株主に限られます。また、公開会社でない場合は 6 カ月の継続保有している必要はありません）の議決権の 100 分の 3 以上を有する株主は、株主総会の目的事項および招集理由を記載した書面を会社に提出して、株主総会の招集を請求することができます。この請求後遅滞なく招集手続が行われないときや、請求のあった日から 8 週間内の日を会日とする株主総会の招集通知が発せられないときは、当該株主は、裁判所の許可を得て、自ら株主総会を招集することができます（同条 4 項）。

2　基準日・招集時期・招集地

　公開会社では株式は日々流通する可能性があり、この場合、会社はいつの時点の株主を対象にして株主総会を招集すればよいのかという問題が生じます。これについて、会社法は基準日（会 124 条 1 項）という制度を設け、会社は一定の基準日における株主名簿上の株主が対象であるとして扱えば足り、基準日を設定した場合は基準日から 3 カ月以内は株主としての権利を行使できる（同条 2 項）としています。なお、基準日を定めたときは、基準日、株主としての権利行使の内容について公告しなければならない（同条 3 項）とされ、これは定款で代替することができます。そのため、多くの会社では、定款で「当会社は、毎年 3 月末日の最終の株主名簿に記載または記録された議決権を有する株主をもって、その事業年度に関する定時株主総会において権利を行使することができる株主とする」等の規定を置くことで決算期末日を基準日と設定するとともに定時株主総会を基準日から 3 カ月以内に招集すると定めています。ただし、事業年度の終了後 3 カ月以内に定時株主総会を開催することを求めているわけではありません。たとえば、当該基準日から 3 カ月以内に定時株主総会を開催できない状況が生じたときは、会社は、新たに議決権行使のための基準日を定め、当該基準日の 2 週間前までに当該基準日および基準日株主が行使することができる権利の内容を公告することで対応することが可能です（会 124 条 3 項本文）。

　株主総会は、定時株主総会と臨時株主総会に分けられ、定時株主総会は、毎事業年度の終了後一定の時期にこれを招集しなければなりません（会 296 条 1 項）。臨時株主総会は、必要がある場合に随時これを招集することができます（同条 2 項）。

　株主総会の招集地は、会社法上とくに定めがなく、定款に別段の定めがない限り、会社が自由に決定できます。ただし、株主の株主総会への出席を著しく困難にさせる場合は、決議取消しの訴えの対象になる可能性があります（会 831 条 1 項）。たとえば、東京に本店を持ち、ほとんどの株主も東京に在住している会社が、海外で株主総会を開催した場合などが考えられます。

3　招集通知

(1)　招集通知の発出

　株主総会の招集通知は、株主に出席の機会と準備の余裕を与えるため、公開会社については会日の2週間前までに議決権のある各株主に対して発しなければなりません（会299条1項）。そして、その会社が公開会社か非公開会社かにかかわらず、株主の書面投票制度または電子投票制度を導入しているか、または会社が取締役会設置会社である場合には、招集通知を書面で行わなくてはなりません（同条2項）。ただし、会社は、あらかじめその用いる電磁的方法の種類および内容を株主に示し、書面または電磁的方法による承諾を得ることを条件として、電磁的方法により通知することができます（同条3項、施行令2条）。

(2)　招集通知の記載事項

　招集通知の主な記載事項は次のとおりです（会299条4項、298条1項、会規63条）。

①　株主総会の日時および場所

②　株主総会の目的事項（いわゆる議題のことであり、たとえば、定款変更の場合は「定款一部変更の件」が会議の目的事項となります）

③　株主総会に出席しない株主が書面または電磁的方法により議決権行使できる場合は、その旨

④　定時株主総会の日が前事業年度の定時株主総会の日と著しく離れた日である場合は、その理由

⑤　公開会社において、いわゆる「集中日」を定時株主総会開催日とすることに特別の理由がある場合は、その理由

⑥　株主総会の開催場所が過去に開催したいずれの場所とも著しく離れた場所である場合は、その理由（ただし、当該場所が定款で定められている場合、および、株主総会に出席しない株主全員の同意がある場合を除きます）

⑦　書面による議決権行使または電磁的方法による議決権行使を採用した場合は、次の事項

・株主総会の参考書類に記載すべき事項

・特定の時を書面による議決権行使の期限とした場合は、その特定の時

・特定の時を電磁的方法による議決権行使の期限とした場合は、その特定の時

・賛否の記載のない議決権行使書面が会社に提出された場合において、各議案について賛成・反対・棄権のいずれかの意思表示があったとする取扱いとした場合は、その内容

・いわゆるインターネット開示措置をとることにより株主に対して提供する株主

総会参考書類に記載しないものとする事項

⑧　書面による議決権行使および電磁的方法による議決権行使を採用した場合は、次の事項

・電磁的方法による招集通知の発出につき承諾をした株主に対しては、当該株主の請求があった時に議決権行使書面の交付をすることとするときは、その旨

・株主が、書面および電磁的方法により、重複して矛盾する議決権を行使した場合における当該株主の議決権の行使の取扱いに関する事項を定めるときは、その事項

⑶　招集通知とともに交付すべき書面

招集通知とともに交付すべき書面は、一般的に次のとおりです。なお、③から⑥については定時株主総会時のみ必要となります（会437条）。また、招集通知を電磁的方法により通知する場合、①および②の書類についても電磁的方法により提供することができます（会301条2項）。ただし、株主から請求があった場合には書類で交付しなければなりません（同項ただし書）。

①　株主総会参考書類（議決権行使について参考となる事項が記載された書面）

②　議決権行使書面

③　単体の計算書類および連結計算書類

④　事業報告

⑤　監査役会、監査委員会または監査等委員会の監査報告

⑥　会計監査人の監査報告

⑷　インターネット開示措置

会社が、定款の定めに従い、株主総会参考書類、事業報告、計算書類および連結計算書類に記載すべき事項のうちの一定の事項について、招集通知発出日から定時株主総会の日以降3カ月までの間、電磁的方法により株主が提供を受けることができる措置（いわゆるインターネット開示措置）をとった場合には、当該事項を記載した書類を株主に提供したとみなされます（会規94条1項、133条3項、計規133条4項、134条4項）。定款規定を置き、この措置をとることにより、当該事項については、書面による物理的な提供が不要となり、総会事務の負担を軽減することができます。

⑸　電子提供制度

電子提供制度（令和元年改正会社法により新設。本制度は遅くとも2023年6月までに施行される予定）は、定款に電子提供措置をとる旨の定めを置くことによって採用することができます（会325条の2）。なお、上場会社については、電子提供制度の採用が義務づけられます。会社が、定款の定めに従い、株主総会参考書類、議決権行使書面、計算書類および事業報告などの株主総会資料をインターネット上に掲載し、株主

に対しては、株主総会の日時・場所等の必要最低限の情報および株主総会参考資料が掲載されているウェブサイトのアドレス等を書面で通知した場合には、当該書面の発出日から定時株主総会の日以降 3 カ月までの間、継続して当該電子提供措置をとることで株主総会開催に必要な資料を株主に提供したとみなされます（会 325 条の 3）。ただし、この場合であっても株主が書面交付請求権（会 325 条の 5）を行使した場合は従来どおり書面で内容を送付する必要があります。

　本制度の施行により、印刷や郵送に要する時間や費用を削減できるようになり、とくに上場会社における株主総会の招集実務は大きく変わることが見込まれます。

4　書面投票制度と電子投票制度

⑴　書面投票制度（書面による議決権行使）

　書面投票制度は、会社の規模にかかわらず、株主が 1000 人以上の会社に義務づけられています（会 298 条 2 項）。これにより、株主は株主総会に直接出席しなくても議決権行使書を会社に提出することにより議決権を行使することができます（会 311 条 1 項）。議決権行使書は、株主総会の日時の直前の営業時間の終了時までに提出しなければなりませんが（会規 69 条）、議決権行使書の提出期限として特定の時（株主総会の日時以前の時であって、招集通知発出日から 2 週間を経過した日以後の時でなければなりません）を定めた場合は、その特定の時が期限となります（会規 63 条 3 号ロ）。なお、提出された議決権行使書については、会社は、株主からその閲覧・謄写の請求があった場合は閲覧拒否事由（会 311 条 5 項 1 号〜4 号）に該当しない限り、閲覧・謄写の請求に応じなければなりません。

⑵　電子投票制度（電磁的方法による議決権行使）

　株主は、あらかじめその用いる電磁的方法の種類および内容を会社に示し、書面または電磁的方法による承諾を条件として、電磁的方法による投票をすることができます（施行令 1 条）。これにより、株主は、法務省令に定める時まで、会社に電子メール等の送信により議決権を行使することができます（会 312 条 1 項）。電子投票制度の場合も、書面投票制度と同様に、株主総会の日時の直前の営業時間の終了時までに行使しなければなりませんが（会規 70 条）、議決権行使の期限として特定の時を定めた場合はその特定の時（株主総会の日時以前の時であって、招集通知発出日から 2 週間を経過した日以後の時でなければなりません）が期限となります（会規 63 条 3 号ハ）。なお、株主がこの制度を利用する場合、あらかじめ会社の承諾を得る必要がありますが、すでに電磁的方法による招集通知の発出に同意している株主である場合には、会社は正当な理由がない限り承諾をしなければなりません（会 312 条 2 項）。

　上記の書面投票制度と電子投票制度を重複して議決権を行使された場合の取扱い

は、あらかじめ招集通知に定めていることが一般的です（会規 63 条 4 号ロ）。また、議決権の行使にあたり、いずれの投票制度を利用した場合でも、実際に株主総会に出席した場合には事前に投票した効力は失われると解されています。

5　書面決議等による株主総会

取締役または株主が株主総会の目的である事項について提案した場合、この提案について議決権を行使できる株主全員が書面または電磁的記録により同意したときは、この提案を可決する旨の株主総会の決議があったものとみなされます（会 319 条 1 項）。また、この方法を用いて、定時株主総会の目的である事項のすべてについて同意が得られた場合には、その時に当該定時株主総会が終結したものとみなされ（同条 5 項）、定時株主総会の開催を省略することができます。

そして、株主総会への報告事項についても、取締役が株主の全員に対して通知し、当該事項を株主総会に報告することを要しないことについて株主の全員が書面または電磁的記録により同意したときは、当該事項の株主総会への報告があったものとみなされます（会 320 条）。

このような規定は、株主全員の同意が要件となっていることから、株主数が多い公開会社が使用することはきわめて限定的であると思われます。主に 100％子会社や株主数が少ない合弁会社において使用される制度です。

6　バーチャル株主総会

会社法上は、株主総会は開催場所を定める必要があり、現実の開催が要求されています（会 298 条 1 項 1 号）。遠隔地からの株主の参加のほか、新型コロナウイルス感染症等の指定感染症の拡大防止などの目的で、現実に開催されている株主総会をインターネット上で中継配信したり、視聴している株主からの質問をその場で受け付けたりする、いわゆるバーチャル株主総会（オンラインによる株主総会）が徐々に広まりつつあります。現実の株主総会の開催に加え、実際にその開催場所に出席しない株主が、株主総会への法律上の「出席」を伴わずに、インターネット等の手段を用いて審議等を確認・傍聴することができる株主総会は「ハイブリッド参加型バーチャル株主総会」といわれています。オンラインで視聴している株主は法律上の出席にはならず、質問や議決権行使などはできません。

一方、インターネット等の手段を用いて、株主総会に会社法上の「出席」をすることができる株主総会は「ハイブリッド出席型バーチャル株主総会」といわれています。当該株主は、質問や議決権行使をもオンラインで行うことができますが、この議決権行使は会社法 312 条 1 項に基づく電磁的方法による議決権行使ではなく、現実

の株主総会の場で議決権を行使したものと解される点には留意が必要です。また「ハイブリッド出席型バーチャル株主総会」では、オンライン上で出席した株主も出席株主数に数えられますが、株主総会議事録には、株主総会の開催場所に存しない株主の出席の方法を記載する必要があります（会規 72 条 3 項 1 号）。

　なお、令和 3 年改正産業競争力強化法により、一定の要件の下、場所を定めない株主総会（バーチャルオンリー株主総会）が可能となりました。

第 3 節　議長の役割と議事運営

1　議　長

　株主総会においては、議事の運営を行う議長が必要となります。会社法では、株主総会の議長の選任に関する規定が設けられていないため、通常は定款において、「株主総会の議長は取締役社長があたり、取締役社長に事故があるときは、取締役会においてあらかじめ定めた順序により他の取締役がこれに代わる」などと定めています。また、定款に定めがなくても、当該株主総会で議長を選任することができます。

　議長は、株主総会の秩序を維持し、議事を整理する権限を持つとともに、その命令に従わない者および株主総会の秩序を乱す者を退場させることができますので、権限を適切に行使し、株主総会の運営の適正化を図らなければなりません（会 315 条）。

2　議事運営

　株主総会は、議長の開会宣言によって開会されます。この後に、議長は株主の出席状況の報告をします。この開会宣言は、株主総会が有効に存在していること（定足数を満たしている旨）を明らかにするためにも重要な意味を持ちます。

　株主総会の議案は、原則として取締役会で決定されます。ただし、監査役（会）設置会社の場合には、会計監査人の選任・解任・再任に関する議案は、監査役（会）が決定します（会 344 条）。また、監査等委員会設置会社で、監査等委員である取締役の選任に関する議案の場合、監査等委員会の同意が必要です（会 344 条の 2）。なお、株主総会は、招集通知に記載の議題以外の議題について決議することはできません（会 309 条 5 項）。ただし、取締役、会計参与、監査役、監査役会、会計監査人が株主総会に提出・提供した資料を「調査する者の選任」（会 316 条 1 項）もしくは、「株主によって招集された株主総会」において、株式会社の業務・財産の状況を「調査する者の選任」（同条 2 項）、または定時株主総会において「会計監査人の出席を求めること」（会 398 条 2 項）については、この限りではありません（会 309 条 5 項後段）。

　議案の採決の時期は、報告事項および質疑が終結した時、すなわち審議の最終段階に入った時です。採決については、議長が、普通決議事項、特別決議事項などの区分に従い、議場に賛否を問い、その結果を宣言することによって行います。書面投票制度および電子投票制度を採用している会社は、すでに行使されている議決権行使の結果をこれに含めて採決することになります。

　議長は、招集通知に記載したすべての議案を審議し、それらが終了した後に閉会宣言を行います。株主総会は、議長の閉会宣言によって終結します。新任の取締役や監査役の紹介を行う場合は、通常、閉会宣言の後に行います。

　ところで、株主総会の開催予定日に天災や感染症拡大等の緊急事態が発生し、その開催自体が困難になった場合または開催は可能であるが必要な決算書類の確定が間に合わないといった事態が発生する場合があります。こういった場合には、株主総会の延期や、必要最小限の決議事項のみを議場に諮って決議すれば、あらためて招集決定（会 298 条）や招集通知発送（会 299 条）の手続を行うことなく、近接した日時に株主総会を続行する継続会の開催を決定することができます（会 317 条）。

3　動　議

　株主総会の決議事項の内容または議事進行に関して、株主から提出される議案を動議といいます。株主が決議事項の内容に関する動議として提出できるものは、招集通知に記載されている議案の修正動議に限られます。この修正動議は、適法なものである場合は必ず議場に諮らなければなりません。また、議事進行に関する動議としては、総会の延長・続行、検査役の選任、会計監査人の出席要求、議長の不信任など法令や定款で総会決議が必要とされる事項については、必ず議場に諮らなければなりませんが、討議の打切り、休憩、採決方法といったその他の事項については、必ずしも議場に諮る必要はなく、議長の判断で却下することもできます。

　動議を議場に諮る場合は、動議内容の審議（趣旨説明、質疑応答）を経て採決に入るのが一般的ですが、休憩請求や質疑打切りなど議長の議事整理権に関するものについては、直ちに採決を行っても問題はありません。動議は、これが過半数（または議案の性質によっては 3 分の 2）の賛成を得たときに、可決することになります。

　なお、会社側の意に反する動議で、議場に諮るべき動議か否か判断に迷う場合には、会社側として否決するに十分な議決権個数があることが明らかであれば、いったん議場に諮り否決しておくほうが安全です。

4　議事録の作成および備置・閲覧

　株主総会の議事については、書面または電磁的記録で議事録を作成しなければなり

ません。議事録の作成に係る職務を行う取締役はとくに指定されていませんが、通常は代表取締役が作成すると考えられます。その議事録には、主に次のような内容について記載する必要があります（会318条1項、会規72条3項）。

① 株主総会が開催された日時および場所
② 議事の経過の要領およびその結果
③ 次のような意見または発言があるときは、その内容の概要
　・取締役が株主総会に提出しようとする議案、書類、電磁的記録その他の資料に対する監査役の調査の結果、その内容が法令もしくは定款に違反し、または著しく不当な事項があると認める場合の監査役の報告
　・監査役の報酬等に対する監査役の意見陳述
　・株式会社の計算書類およびその附属明細書、臨時計算書類ならびに連結計算書類が法令または定款に適合するかどうかについて会計監査人が監査役と意見を異にする場合の会計監査人による意見陳述
　・定時株主総会において会計監査人の出席を求める決議があった場合の会計監査人による意見陳述
④ 出席した取締役、執行役、会計参与、監査役または会計監査人の氏名または名称
⑤ 株主総会の議長が存するときは、議長の氏名
⑥ 議事録の作成に係る職務を行った取締役の氏名

また、会社法319条1項により株主総会の決議があったとみなされた場合、このみなし決議の内容についても、次のとおり議事録の作成が義務づけられています。

① 株主総会の決議があったものとみなされた事項の内容
② 上記①の事項の提案をした者の氏名または名称
③ 株主総会の決議があったものとみなされた日
④ 議事録の作成に係る職務を行った取締役の氏名

さらに、会社法320条により株主総会への報告があったものとみなされた場合も、このみなし報告の内容について、次のとおり議事録の作成が義務づけられています。

① 株主総会への報告があったものとみなされた事項の内容
② 株主総会への報告があったものとみなされた日
③ 議事録の作成に係る職務を行った取締役の氏名

株主総会議事録は、正本を10年間本店に、その謄本を5年間支店にそれぞれ備置し、株主および債権者がその閲覧や謄写等を求めたときは、これに応じなければなりません（会318条2項〜4項）。なお、書面決議を行った場合の同意の意思表示の書面については、本店に10年間備え置けばよく、支店での備置義務はありません。

第 4 節　株主の質問と説明義務および株主提案権

1　説明義務

　取締役には、株主総会において株主からの当該株主総会の目的事項に関する質問に対する説明義務があります（会 314 条）。株主が株主総会において質問し、意見を述べることができるのは当然ですが、これを取締役の説明義務として明文で定めたのは、株主の正当な質問が不当に抑圧されることを防止するためです。また、取締役の株主総会への出席義務に関する明文規定はありませんが、この説明義務を履行するために、やむをえない場合を除き株主総会に出席する義務があると解されています。

　なお、新型コロナウイルス感染症の流行を契機として、バーチャル株主総会について議論されていますが、オンライン上で取締役が出席した場合、当該取締役は株主総会に出席したものとして扱われます。また、オンライン上で説明を行った場合であっても、かかる説明が十分であれば、取締役の説明義務を果たしたものと評価されます。

　説明義務のある事項について、取締役が十分説明をせずに株主総会の決議が強行されたときは、決議の方法に瑕疵があるとして、株主から決議取消しの訴えを提起される可能性があります。また、取締役は、過料の制裁を受けることがあるなど、会社にとって大きなリスクとなります（会 831 条、976 条 9 号）。

　株主が特定の取締役を指名して質問した場合、必ずしも指名された取締役が説明する必要はなく、議長は自らの判断で、当該説明に適した取締役を指名して説明させることができ、当該説明が適切であれば、説明義務違反とはなりません。なお、議長は、必要に応じて、執行役員や従業員または顧問弁護士等に説明させることもできます。

2　説明義務の範囲

　取締役は、次の場合には説明を拒むことができるとされていますので、これが説明義務の範囲を画するとともに、質問権の濫用を防止することになります（会 314 条ただし書、会規 71 条）。なお、議長は、質問に対する説明を拒むときは、その理由を株主に明らかにする必要があります。

　①　質問事項が株主総会の目的事項に関しないものである場合

　この「株主総会の目的事項」には、決議事項だけでなく、報告事項も含まれます。したがって、事業報告、会計監査人設置会社における貸借対照表および損益計算書の

報告なども説明義務の対象となります。

　②　株主共同の利益を著しく害する場合

　説明することにより企業秘密が明らかになり、その後の事業に支障を来し、株主が一般的に不利益を被るような場合とされています。なお、具体的に説明を拒絶できるか否かは、株主が得る利益と会社が被る損害との利益衡量によって決せられると考えられます。

　③　調査をすることが必要である場合

　回答するには調査等が必要であり、直ちに答弁できない場合です。

　④　会社やその他の者の権利を侵害することとなる場合

　⑤　実質的に同一の事項について、繰り返し説明を求める場合

　⑥　その他正当事由のある場合

　たとえば、法律解釈に関する質問や、説明をすることにより自己または会社が刑事責任を追及されるおそれがある場合、あるいは調査をするには社会通念上不相当な費用を要するときなどが該当します。

3　株主による事前質問

　株主から、株主総会の会日より相当の期間前に書面等による質問がなされた場合、取締役は、株主総会において、前記「2　説明義務の範囲」「③　調査をすることが必要である」ことを理由として説明を拒むことはできません（会規 71 条 1 号イ）。

　また、たとえ株主総会の会日直前（総会当日を含みます）に質問がなされたとしても、説明をするために必要な調査が著しく容易である場合には、同様に「調査を要する」ことを理由として説明を拒むことはできないとされています。

　これは、株主に質問するための機会を保障するとともに、これに対する十分な説明がなされることを目的としています。しかし、説明義務は、書面等による質問を行った株主が株主総会において具体的に質問をしたときに発生することになりますので、当該株主が株主総会で実際に質問しなかった場合には、株主総会当日の説明や書面等による回答送付の必要はありません。ただし、株主総会の運営を円滑に行うため、実務上は、あらかじめ提出された質問に対し質問者による質問を待たずに説明する、また、質問者を明らかにせず一括回答の方法で説明する、といった対応がなされています。

4　株主提案権

　株主総会の議題は、通常、会社が提出するものですが、公開会社である取締役会設置会社の場合、6 カ月前より引き続き総株主の議決権の 100 分の 1 以上または 300 個

以上の議決権を有する株主は、株主総会の 8 週間前までに議題を提案し、議案の招集通知への掲載を請求する権利が認められています（会 303 条、305 条）。この 6 カ月の保有期間要件や 100 分の 1 または 300 個という保有数要件は、いずれも定款で緩和することが可能です。また、8 週間前までという株主提案権の行使期間についても、定款によって短縮することができるとされています。なお、令和元年改正会社法により、1 人の株主が行使できる株主提案権の数は、10 個までに制限されています（会 305 条 4 項）。

Q23　株主の提案権・質問権の無視

株主の提案権・質問権を無視して株主総会決議が行われた場合、その決議は取り消されますか。

会社法所定の手続および要件に従い、株主の提案権が行使されたにもかかわらず、その株主の提出した議案の要領を招集通知に記載しなかったときは、招集手続の法令違反として、その株主総会における決議が取り消されるおそれがあります。

また、株主には質問権（取締役等の説明義務）も認められており、取締役に説明を求めたにもかかわらず、取締役が合理的な理由がないのに回答を行わなかった、または不十分な回答しか行わなかったときは、決議の方法に瑕疵がある場合として、同じく決議の取消原因となります。もっとも、これらを原因として現実に決議を取り消すかどうかの判断は、裁判所の裁量に委ねられます。

Q24　アクティビスト、議決権行使助言会社、機関投資家の存在

株主提案権についてほかに注意すべき点はありますか。

昨今、アクティビスト（一定割合の株式を取得したうえで、それを裏づけとして、投資先の経営陣に積極的な提案を行い、投資先の価値の向上を目指す投資家のことをいいます）による積極的な株主提案権の行使（アクティビストが推薦する者の取締役選任議案等）が行われています。また、機関投資家自らが議決権行使の方向性を決定し、それに基づく議決権行使や、議決権行使助言会社の定める基準に従った議決権行使も増加傾向にあります。これらの背景のもと、会社提案議案が否決される事態も発生していますので、アクティビスト、議決権行使助言会社、機関投資家の動向には留意する必要があります。

第 5 節　株主総会決議の瑕疵と争訟

　株主総会での決議は、株主の議決権行使による多数決の方法により行われるため、決議の内容および方法の適法性について問題が生じることがあります。株主総会の決議内容が法令に違反する場合や法的に成立していない株主総会での決議などは、当然に効力はないこととなります。

　会社法では、瑕疵の程度により、以下のとおり、決議の取消しの訴え、決議無効・不存在の訴えの規定が置かれています。

1　決議の取消し

　株主総会の決議に手続上の瑕疵がある場合または決議内容が定款に違反する場合には、株主総会決議取消しの訴えが会社に対し提起されることがあります（会 831 条）。株主総会の決議は、このような瑕疵があっても当然には無効ではなく、取消しの認容判決によって、遡及的に無効となります。

　手続等に瑕疵がある場合に、取消しの認容判決がなければ決議を有効とするのは、比較的軽度な瑕疵であっても決議の有効性が問題になると、会社取引の安定性が損なわれ、株主や取引先などにも不利益が生じるためです。また、会社法では提訴期間、提訴権者の限定や、瑕疵の内容と程度によっては裁判所の裁量により取消しの請求が棄却されることがあることも定められています（会 831 条 2 項）。

⑴　取消しの事由

取消しの訴えを提起できる事由は、その瑕疵が次に該当する場合です。

①　招集の手続または決議の方法が法令もしくは定款に違反し、または著しく不公正なとき

取締役会の決議を経ずに代表取締役が株主総会の招集をしたとき、一部の株主に招集通知が行われなかったとき、招集通知の期間が不足したとき、決議の定足数が不足したとき、議案の内容について取締役や監査役が十分な説明をしなかったとき、株主が出席困難な招集地を選択したときなどがこれにあたります。

②　決議の内容が定款に違反するとき

定款に定めた取締役の数を超える取締役を選任した場合などがこれにあたります。決議の内容が定款ではなく法令に違反した場合は、決議の取消しではなく、決議無効の事由となります。

③　決議について特別な利害関係を有する者が議決権を行使したことによって、著しく不当な決議がされたとき

議決権の過半数を有する株主が取締役となり、自分に対する報酬を決議した結果、株主が配当を受けることができなくなることなどがこれにあたります。

⑵　提訴権者・提訴期間

取消しの訴えを提起できるのは、株主、取締役、清算人（監査役（会）設置会社にあっては株主、取締役、監査役または清算人、指名委員会等設置会社にあっては株主、取締役、執行役または清算人）です（会831条1項、828条2項1号）。株主は、自己に対する手続に瑕疵がなくても、他の株主に対して瑕疵があれば、訴えることができます。また、決議の取消しによって取締役、監査役、清算人、株主となる者も提訴権者になることが認められています。

提訴期間は株主総会決議の日から3カ月以内であり、この期間を超えて決議取消しの訴えを提起することはできません。また、期間内に提訴した場合でも、3カ月を超えた場合は、取消しの内容の追加・変更等はできません。

⑶　裁判所裁量による棄却

決議取消しの訴えで、取消事由に該当する瑕疵の存在が認められる場合であっても、それが招集の手続または決議の方法が法令もしくは定款に違反するものであり、その内容が重大でなく、決議に影響を及ぼさないと認められるときは、裁判所は訴えを棄却することができます（会831条2項）。たとえば、大規模な公開会社では、会社が臨時株主総会を招集・開催するには費用・時間等がかさむため、瑕疵の内容が決議に影響を及ぼさない軽微なものであれば、改めて決議を取り直すことは合理的でないと考えられるためです。

2　決議の無効

決議の内容が法令に違反する場合は、決議は無効であり、決議無効の確認の訴えを提起されることがあります（会830条2項）。たとえば、分配可能な金額を超える剰余金の配当決議などがこれにあたります。決議無効の訴えは誰でも可能であり、また提訴期間の制限もありません。

なお、決議の取消しは判決によって取消しの効力が生じますが、法令に違反した決議は当然に無効であり、訴訟によらなくともその旨をいつでも主張することができます。しかし、判決により決議の無効が確認されることで、その効果をより一般的に及ぼすことができます。

3　決議の不存在

決議が行われなかった、株主総会開催の事実がなかった、または議決権の過半数を有する株主が招集されなかったなどであったにもかかわらず、決議されたように議事

録を作成したり、登記を行ったりした場合、決議不存在の確認の訴えを提起されることがあります（会 830 条 1 項）。提訴権者、提訴期間や判決の効果等は、決議の無効の場合と同様です。

Q25　株主総会の決議取消しの訴えに対する対応

株主総会の決議取消しの訴えが提起された場合、取締役は、当該決議に従って業務を執行してもよいですか。

決議取消しの訴えが提起されても、決議の有効・無効は、判決を待ってはじめて定まるものですから、当然には業務の執行を停止する義務はありません。したがって、取締役は、決議に従って業務を執行すべきでしょう。

Q26　会社主導の総会検査役の選任

会社法では、株式会社も総会検査役の選任の請求ができることになりましたが、それはなぜですか。

株主総会の手続や決議の方法などが適切に行われたかを調査させるため、検査役の選任を裁判所に請求することができます。旧商法では請求ができるのは株主だけでしたが、会社法では株式会社も検査役選任の請求ができることとなりました（会 306 条 1 項）。

検査役が必要になるのは、たとえば、株主の間に対立があるなどのときに、株主総会の招集や運営の手続が法令に則したものであったか、株主総会の決議の判定が正しく行われたかが問題となることがあるためです。検査役を設置すれば、株主総会手続が公正であることを担保できるため、株主に限らず会社自身が総会検査役の選任請求を行うことができることは有意義であると考えられます。

第 6 節　種類株主総会

1　概　要

種類株式を発行している会社は、法令および定款に従い、株式の種類ごとに当該種類の株主を構成員とする種類株主総会を開催しなければなりません。株主総会については、会社法で定時株主総会の開催が義務づけられていますが、種類株主総会には法

令上そのような義務が課されていませんので、定款にとくに定めを設けない限り、定期的な開催の必要はありません。

2　権　限

　種類株主総会は、会社法および定款で定めた事項に限り、決議を行う権限を有しています（会321条）。

⑴　拒否権付種類株式を発行した場合

　会社は、株主総会または取締役会において決議すべき事項について、当該決議のほか当該種類株式の種類株主を構成員とする種類株主総会の決議があることを必要とする、いわゆる拒否権を設定した種類株式（会108条1項8号）を発行することができます。その場合、拒否権の対象となっている事項については、株主総会または取締役会の決議に加えて、定款の定めに従い、当該種類株式の種類株主総会の決議がなければ、その効力を生じません（会323条）。なお、上場会社または上場する予定の会社については、別途、金融商品取引所の規則により当該種類株式の発行が制限されている場合もありますので、金融商品取引所の規則に注意する必要があります。

⑵　種類株主に損害を及ぼすおそれがある場合

　会社が会社法322条1項各号に列挙されている行為（株式の併合・分割、株式無償割当て、株式を引き受ける者の募集、新株予約権無償割当て、合併、吸収分割、株式交換、株式移転、株式交付等）を行う場合において、ある種類の株式の種類株主に損害を及ぼすおそれがあるときには、当該種類株主総会の決議を得なくてはなりませんが、同項1号に規定されている定款変更（株式の種類の追加、株式の内容の変更、発行可能株式総数または発行可能種類株式総数の増加）以外の行為については、種類株主総会の決議を要しない旨を定款に定めることができます（同条2項・3項）。ただし、この定款の定めは、種類株主にとって重大な利益の放棄となることから、種類株式の発行後に定款変更をして、この定めを設けようとするときは、種類株主全員の同意が必要となります（同条4項）。

3　決　議

　種類株主総会についても、株主総会と同様に決議の種類が定められており、普通決議、特別決議、特殊決議のそれぞれの決議要件と、定款で定めることにより決議要件を加重できる範囲が定められています（会324条）。

4　株主総会の規定の準用

　株主総会に関する規定のうち、次の規定以外のものについては、種類株主総会にも

準用されます（会 325 条）。

① 　株主総会の権限（会 295 条 1 項・2 項）

② 　定時株主総会の開催義務（会 296 条 1 項・2 項）

③ 　株主総会の決議要件（会 309 条）

　したがって、招集手続または株主提案権、総会検査役、議事といったものについては、株主総会の規定が準用されます。

第 5 章
取締役の義務と責任

POINT

❶　取締役は、会社法上の義務として、一般的には善管注意義務および忠実義務、より具体的には業務執行上の判断の誤り（経営判断の誤り）を防止する義務、監視・監督義務、報告義務、内部統制システム構築・運用義務などを負う。また、取締役は、会社法上の規制として競業取引規制、利益相反取引規制などに拘束される。

❷　取締役は、会社法上の義務や規制またはその他の関係法令に違反し（取締役の任務を懈怠し）、会社または第三者に損害を与えた場合、その損害を賠償する責任を負う。また、一部の会社法上の損害賠償責任は、通常よりも重い責任となっている場合がある。

❸　一方で、取締役による経営判断を委縮させないために、会社または第三者に対して損害が生じた場合、一定の方法により取締役の責任を減免させることが認められている。

❹　取締役は、一定の会社法違反の行為（たとえば、利益供与罪、株主等の権利行使に関する贈収賄罪、特別背任罪、会社財産を危うくする罪など）を行った場合、刑事責任を問われる可能性がある。

第 1 節　取締役に対する義務と規制

1　会社法上取締役が負う義務

　取締役は、会社法上さまざまな義務を負っていますが、その義務は会社法に明記された義務もあれば判例上認められた義務もあります（なお、巻末【資料 4】「会社法において取締役が負う義務・責任」（p.150）参照）。

⑴　善管注意義務

　取締役は、会社との間で、民法に定められた「委任」の法律関係に立ちます。そのため、取締役は、一般的な義務として、会社に対して善良な管理者の注意をもってそ

の職務を行う義務（善管注意義務）を負います（会 330 条、民 644 条）。

「善良な管理者の注意」とは、取締役として、その職務を行うに通常必要な程度の注意とされており、会社の規模、事業内容、取締役の担当職務、それぞれの事業の専門知識の有無などにより、その具体的な内容・程度が異なります。

(2)　忠実義務

取締役は、会社法上、会社に対する一般的な義務として、善管注意義務のほかに忠実義務を負います（会 355 条）。

「忠実義務」とは、法令および定款の規定ならびに株主総会の決議を遵守し、会社のため、忠実にその職務を遂行する義務と規定され、善管注意義務を明確に定めたものとされています。

Q27　善管注意義務・忠実義務違反の具体例

善管注意義務・忠実義務は、一般的な義務であると説明されますが、具体的にどのような行為が義務違反とされるのですか。

善管注意義務・忠実義務違反として会社に対する取締役の責任が認められた実際の事例としては、次のようなものがあります（なお、善管注意義務・忠実義務違反にあたらないとされた（経営判断の原則が適用された）事例については **Q30**（p.72）参照）。

①　電子制御機器等の開発・売買等を行う会社の取締役が、同社の従業員を自らが代表取締役を兼務する同業他社（当該会社の主要取引先）に入社するように働きかけ、就職させた事例（東京高判平 16・6・24 判時 1875 号 139 頁）

②　会社の取締役が、回収に懸念のある融資先であることを認識しつつも、当該融資先、ひいては自身の利益を図るために、自己の地位を利用して融資させた事例（東京高判平 16・12・21 判時 1907 号 139 頁）

③　取締役が、食品衛生法に違反する添加物が商品に含まれていることを知りながら、その法令違反の事実を社長に報告せず、これを販売し、会社に回収費用等の損害を発生させた事例（大阪高判平 18・6・9 判時 1979 号 115 頁（平成 20 年 2 月 12 日に最高裁で上告棄却・上告不受理決定））

④　会社の取締役が、いわゆる仕手筋として知られる者に同社の株式を暴力団の関連会社に売却するなどの脅迫に対して、警察に届け出るなど適切な対応をせずに要求どおり巨額の金員を交付するなどした事例（最判平 18・4・10 民集 60 巻 4 号 1273 頁・判時 1936 号 27 頁）

⑤　銀行の代表取締役頭取が、実質倒産状態にある融資先企業グループの各社に対し、客観性を持った再建・整理計画もないまま、赤字補てん資金等を実質無担保で追加融資した事例（最決平 21・11・9 裁判所 HP・刑集 63 巻 9 号 1117 頁）

⑥　金融機関の取締役が、取締役会決議に基づき、返済能力のない会社に対して、県による融資が実行される相当程度の確実性がなかったにもかかわらず、県による融資が実行されるまでのつなぎ融資を行った事例（最判平 21・11・27 判時 2063 号 138 頁）

Q28　業務執行と職務執行の違い

会社法では、業務執行や職務執行と言葉の使い分けを行っていますが、どのような違いがありますか。

業務執行と職務執行は、厳密には意味合いが異なります。業務執行とは、会社の業務を執行すること、すなわち会社の定款で定められた事業の目的を遂行するための具体的な事業活動への関与をいいます。一方で、職務執行は、取締役の職務を執行することをいい、その具体的な内容は各取締役の立場（代表取締役または業務執行取締役か、社外取締役かなど）によって異なります。一般的には、取締役会の構成員としての業務執行の決定、監視・監督、業務執行としての行為・活動が含まれます。

Q29　執行役の善管注意義務・忠実義務

指名委員会等設置会社の執行役が負っている善管注意義務・忠実義務の内容について教えてください。

執行役は、取締役とほぼ同様の善管注意義務・忠実義務を負っています（会 402 条 3 項、民 644 条、会 419 条 2 項、355 条）。取締役の負う義務と異なる点は、執行役は取締役会の構成員ではないことから、他の執行役に対する一般的な監視・監督義務（監視・監督義務については**本節 1「⑷　監視・監督義務、報告義務」**（p.73）参照）がないことです。ただし、執行役も、取締役会の決定により自分の指揮下にあるものとされている他の執行役に対しては、当然に監視・監督義務を負います。

⑶　業務執行上の判断の誤り（経営判断の誤り）

　ア　業務執行上の判断の誤り

取締役は、会社の業務の執行にあたって善管注意義務を負いますが、この業務執行の過程で善管注意義務に違反し会社に損害が生じた場合、業務執行上の判断の誤りとして損害を賠償する義務を負わなくてはなりません。

イ　経営判断の原則

　取締役の業務執行は、経済情勢が予測できないなどの不確実な状況でも迅速に決定しなければならないという場面もあり、取締役の経営判断には通常広い裁量の余地があります。

　このことから、取締役が合理的かつ誠実に経営判断を行ったにもかかわらず会社が損害を受けた場合、業務執行上の判断の誤りであるとして善管注意義務違反を問わないという法理が生まれました。いわゆる「経営判断の原則」と呼ばれています。

　もっとも、経営判断は各会社における個々の事情によりまったく異なるため、裁判所による経営判断の原則に関する考え方は必ずしも一定ではありません。

　その一方で、裁判所の判断結果の蓄積に伴い、意思決定プロセスの合理性および適法な経営がきわめて重要な要素であることは明らかとなってきています。意思決定のプロセスとして重要な点は、次のとおりです。

① 取締役の経営上の判断が、必要な情報を集め、調査をしたうえで慎重に検討されたこと

② 決定された経営判断が、企業人の経験と識見に基づき合理的に判断されたものであり、合理的な根拠を有すること

③ 経営判断の対象は、取締役が利害関係を有し会社の利益に反する結果となるようなものではないこと（すなわち忠実義務違反とはならないものであること）

④ 当該判断が法令・定款違反の結果を引き起こすものではないこと

　さらに、このような十分な意思決定プロセスを経て、適法な経営を行うためには、判断を行うに際してとりうる選択肢に関してのメリット・デメリットなどの比較、判断の合理性・妥当性のチェックを十分に行う必要があります。また、判断の基礎資料（取締役会提出資料やその他の資料）を整理・保存し、法務部門や顧問弁護士など専門家の意見も十分に聴き、常に適法性のチェックを心がけることが重要です。

Q30　経営判断の原則の具体例

　経営判断の原則が適用された事例として、具体的にどのようなものがありますか。

　経営判断の原則に則ったと考えられる裁判例には、次のようなものがあります。

① 銀行が取引先に融資したところ、その取引先が倒産し、貸倒れが発生した件について、取締役が善管注意義務、忠実義務に違反したとされるかどうかは、当該取締役が職務の執行にあたって行った判断につき、その基礎となる事実の認定または意

思決定の過程に通常の企業人として看過しがたい過誤、欠落があるために取締役に付与された裁量権の範囲を逸脱したものとされるかどうかによって決定すべきものであるが、本件では取締役に善管注意義務、忠実義務違反はないとされた事例（名古屋地判平 9・1・20 判時 1600 号 144 頁）

②　金融機関の元取締役らが取締役会等において決定した関連会社に対する損益支援・資金繰り支援、受け皿会社による物件引取りについて、その支援方法を行うにあたっての経営判断には合理性があり、社会的相当性を欠くものではなく、取締役らに善管注意義務違反は認められないとされた事例（東京地判平 16・3・25 判時 1851 号 21 頁）

③　関係会社の発行する優先株を引き受けること（本件支援）は、本件支援の決定を行った時点での客観的な情勢についての分析・検討に不注意な誤りがあり合理性を欠いていたとまでは認められず、当該取締役の善管注意義務に違反するとはいえないとの理由で、本件優先株の引受けを差し止める仮処分が却下された事例（東京地決平 16・6・23 金判 1213 号 61 頁）

④　株式会社がした政治資金の寄附は、その当時の経済環境、株式会社の資本の額、売上高、企業規模、経営実績、政治資金規正法上の制限額、実際の寄付額、寄附の相手方等の事情に照らすと、その判断に至る過程は合理的な範囲内であり、取締役の善管注意義務に違反しないとされた事例（最決平 18・11・14 資料版商事法務 274 号 192 頁）

⑤　株式会社が子会社を完全子会社化するために株式を買い取ることは、完全子会社化のメリットの評価を含めて経営判断に委ねられており、また株式の買取方法・買取価格についても、取締役の経営判断に基づき決定することができ、取締役による決定の過程・内容に著しく不合理な点がない限り、取締役としての善管注意義務に違反しないとされた事例（最判平 22・7・15 判時 2091 号 90 頁）

⑷　監視・監督義務、報告義務

ア　監視・監督義務、報告義務

　取締役は、代表取締役その他の取締役による業務執行が法令（善管注意義務・忠実義務の一般規定を含む）・定款を遵守し、適正に行われるよう監視または取締役会を通じて監督をする義務を負っています。そして、違法行為等を発見した場合は阻止または是正しなくてはなりません（会 362 条 2 項 2 号）。

　また、取締役（指名委員会等設置会社においては執行役）は、会社に著しい損害が発生するような事実を発見した場合、直ちに監査役（監査役会設置会社では、監査役会）、監査等委員会または監査委員に報告しなければならない義務も負っています（会 357条、419 条 1 項）。

　なお、取締役は、当然のことながら当該取締役自身の部下（従業員）に対しても上

記義務を果たさなければなりません。さらに、取締役は、所管外の従業員による違反行為を知った場合についても上記義務を果たさなくてはならない場合があります。

イ　信頼の権利

取締役は、会社の業務執行を他の取締役と分担して行っています。そして、取締役同士による業務執行の連携を奏功させるには、他の取締役への信頼が必要になります。そこで、取締役は、他の取締役の業務執行につき疑念を差し挟むべき特段の事情がない限り、その分担事項について監視・監督義務違反の責任を負わない場合があります（「信頼の権利」といわれています）。

Q31　親会社の子会社に対する監視の範囲

親会社取締役は、子会社取締役の業務執行に対する監視・監督義務を負いますか。また、負っている場合はどの程度の監視・監督をしなければならないのですか。

子会社の株式は、親会社の資産の一部になります。そのため、子会社に損害が生じた場合、当該子会社の株式の下落を通じて親会社に損害が発生します。また、親会社は子会社に対する内部統制システムの整備義務を負っています（会362条4項6号）。そのため、親会社取締役は、一定程度、子会社取締役の業務執行に対しても監視・監督義務を負っているといえます。

もっとも、当然ながら子会社には、子会社取締役による監視・監督がなされています。そのため、親会社取締役は子会社の取締役の業務執行の結果、子会社に損害が生じた場合すべてについて直ちに任務懈怠の責任を負うわけではありませんが、親会社取締役は、子会社の不正の存在につき疑いを生じる事情を認識していた場合には当該不正についての調査・是正を行うことが必要です。

---

(5)　内部統制システム構築義務

ア　内部統制システム構築義務と運用義務

取締役は、会社法および法務省令に定められた事項として、内部統制システムを構築する義務を負っています（**第3章第2節1「⑵　内部統制システムの構築」**（p.37）参照）。また、構築する内部統制システムの水準は、通常想定される不正行為を防しうる程度のシステムであることが必要といわれています。

さらに、取締役は、内部統制システムを構築するのみならず、実際に不正が発生しないように内部統制システムを的確に運用していくことが重要となります。

イ　内部統制システム運用義務における信頼の権利

取締役は、内部統制システムを構築した場合、当該内部統制システムに基づいた業

務執行を行うことになります。そのため、取締役は、構築された内部統制システムが適切に運用され、不正があるという疑念を差し挟むべき特段の事情がない限り、他の取締役が報告どおりに業務を執行しているものとして信頼することが許されます。

2　取締役に対する会社法上の規制

会社法は、取締役と会社における利益の衝突を防止するという観点からさまざまな規制を設けています（なお、巻末【資料4】「会社法において取締役が負う義務・責任」（p.150）参照）。

(1)　取締役の競業取引規制

ア　競業取引規制の趣旨

取締役は、会社の営業・経理・技術等に関する企業秘密を知りうる立場にあります。そのため、取締役が「会社の事業の部類に属する取引」（以下「競業取引」といいます）を行う場合、企業秘密・ノウハウを利用したり会社の取引先を奪ったりするなど、会社の利益を犠牲にして自己または第三者の利益を図るおそれ（会社と取締役との間に利益の衝突）が生じます。

そこで、会社法は、取締役が自己または第三者（第三者には法人のみならず個人も含みます）のためにする競業取引につき取締役会の承認を要することとしています（会356条1項1号、365条1項）。

イ　承認手続と競業取引後の報告

取締役が競業取引を行う場合は、取締役会において、その取引に関する重要事実を開示して原則事前の承認を受けなければなりません。この場合、競業取引を行う当該取締役は特別利害関係人に該当するため、当該取締役会において議決権を行使することはできません（会369条2項）。

取締役会の承認を受けずに取締役が自己または第三者のために行った競業取引の効力については、相手方が取締役会の承認を受けていないことを知っていたか否かにかかわらず、有効となります。したがって、実務上は事前承認を前提として事後の追認は認めないとすべきです。

また、競業取引を行った取締役は、事前に取締役会の承認を受けたか否かにかかわらず、その競業取引を行った後、遅滞なく、あらためて取締役会に報告しなければなりません（会365条2項。違反の場合、100万円以下の過料に処されます（会976条23号））。この事後報告の場合にも、各取締役が具体的な判断ができる程度の重要な事実を開示する必要があります。これは、会社が損害賠償請求などの適切な措置をとりうるように配慮したものです。

ウ　競業取引における取締役の責任

　競業取引により会社に損害を与えた取締役は、取締役会の承認を受けていたか否かにかかわらず、任務懈怠があれば会社に対して損害賠償の責任を負うと解されています。

　しかし、この損害額の立証は、通常、容易なことではありません。そこで、会社法は、取締役会の承認を得ない競業取引については、それにより取締役または第三者が得た利益の額をもって会社の受けた損害額と推定する旨規定しています（会423条2項）。

Q32　競業取引に対する包括承認

　取締役会で承認を受ける際にどの程度の個別の承認が必要となりますか。

　競業取引に対する承認は、取引の対象、頻度を限定し、かつ会社の事業への影響についての明確な開示があれば、必ずしも個々の取引についての個別の承認である必要はないと解されています。とくに、取締役が競業関係にある会社の代表取締役に就任するに際して、取締役会でその会社の営んでいる事業の種類、性質、規模、取引範囲等の重要な事実を開示してその承認を得れば、それ以後に競業会社の代表取締役として行う個々の取引については、開示された重要事実の範囲内である限り、取締役会の承認は不要と考えられています。

Q33　子会社の代表取締役になる場合の承認

　親会社の取締役が競業を行っている子会社の代表取締役に選定されることになった場合、親会社の取締役会で承認が常に必要になりますか。

　ある会社の取締役がその会社の100％子会社の代表取締役を兼ねる場合、両社は実質的に見て同一体であり、その間の利益の衝突はありえませんので、取締役会の承認は不要と解されています。同様に、100％親会社（完全親会社）を共通にする兄弟会社の場合でも、取締役会の承認は不要と考えられます。

Q34　執行役の競業取引規制

　指名委員会等設置会社の執行役の競業取引に関する義務の内容について教えてください。

　執行役は、取締役と同様に、①競業取引について取締役会の事前承認を取得する義務、および、②取締役会への事後報告義務を負っています（会419条2項、356条1項1号、365条2項）。

⑵　取締役の利益相反取引規制

ア　利益相反取引規制の趣旨

　会社法は、取締役と会社との利害の衝突が形式的に存在する取引において、取締役がその地位を濫用して自己または第三者の利益を図り、会社の利益が損なわれることを予防するため、競業取引規制とは異なる規制を設けています。すなわち、当該取締役を選任した会社と当該取締役の利益が衝突する取引（以下「利益相反取引」といいます）を行う場合には、当該取締役を選任した会社における取締役会の承認を要します。

イ　利益相反取引の類型

　利益相反取引には、2種類の取引形態が存在し、各取引を行う際には取締役会の承認を要します。なお、いかなる取引が利益相反取引にあたるかについては、取締役と会社の利益相反のおそれがあるかどうかを判断基準として、個々の具体的取引について個別に判断することになります。

㋐　直接取引

　取締役が利益相反取引の当事者として（自己のために）、または他人の代理人・代表者として（第三者のために）会社と取引を行う形態を「直接取引」といいます（会356条1項2号、365条1項）。たとえば、A会社とB会社が取引を行う際に両会社とも同じ代表取締役がそれぞれの会社を代表し、取引を実行する場合が挙げられます。ただし、このように同一人が両社を代表したばかりでなく、A会社の取締役がB会社を代表して取引を行う際に、A会社を別の取締役が代表していても「直接取引」に該当することに注意が必要です。

Q35　取締役兼務の場合の利益相反取引に関する取締役会の承認

　取締役兼務の場合、利益相反取引（直接取引）を行うにあたり、取締役会の承認を要する場合を図示すればどのようになりますか。

　甲会社、乙会社の役員兼務の状況に応じて、次のとおりになります。

ケース	甲会社			乙会社		
1	代表取締役A	取締役B	取締役C	代表取締役A	取締役B	取締役C
2	代表取締役A	取締役B	取締役C	取締役A	代表取締役B	取締役C
3	代表取締役A	取締役B	取締役C	取締役A	取締役B	代表取締役D
4	代表取締役A	取締役B	取締役C	取締役B	取締役C	代表取締役D

＊■はその会社の取締役会で承認を要する取締役

（注）乙会社の取締役Aは、甲会社の代表取締役を兼務しており、第三者である甲会社のために乙会社と取引を行うことになるため、利益相反取引に該当し、乙会社において取締役会の承認を得なければなりません（ケース1～3）。また、甲会社においても、乙会社の代表取締役を兼務する取締役（ケース1のA、ケース2のB）は、同様に取締役会の承認を得なければなりません。

　　〔イ〕　間接取引

　取締役と会社が直接に取引を行わない場合でも、たとえば、会社が取締役個人の債務につき、または取締役が他の法人の代表者となっている場合の当該他の法人の債務につき、債務保証をするような場合など、第三者と会社が行う取引により、会社の犠牲において取締役が利益を受けるおそれがある取引形態を「間接取引」といいます（会356条1項3号、365条1項）。

Q36　直接取引および間接取引の具体例

　直接取引または間接取引にあたると判断された取引や、あたらないと判断された取引にはどのようなものがありますか。

　具体例としては、次のような取引があります。

直接取引	間接取引	利益相反取引に該当しない例
①　取締役に対する会社による金銭の貸付けおよび約束手形の振出し ②　会社・取締役間の商品、土地、株式、債権等の財産の売買 ③　会社から取締役への贈与 ④　会社による、取締役の会社に対する債務の免除 ⑤　取締役が第三者に対し負担する債務の会社による引受け	①　取締役が第三者に対し負担する債務につき会社がする保証、物上保証 ②　取締役が第三者に対し負担する債務につき会社がする連帯保証契約 ③　取締役が配偶者の債務について個人としてする連帯保証に加え、会社を代表してする連帯保証	①　取締役が会社に対してする贈与、私財の提供 ②　取締役が会社のために行う債務引受け ③　会社が取締役に対して負担する債務の弁済、取締役からの相殺 ④　会社に対する無利息無担保の金銭貸付け ⑤　運送、保険、預金契約などの定型約款に基づく定型取引 ⑥　100％親子会社関係間、または100％親会社を共通にする兄弟会社間の取引

Q37　会社からの融資と利益相反取引

取締役が会社から貸付けを受ける場合には、どのような点に注意が必要ですか。

取締役が会社から金銭の貸付けを受ける行為は、貸付けの利息、担保の有無にかかわらず原則的に会社法の利益相反取引にあたるため、貸付けにつき取締役会の承認を得る必要があります。ただし、就任前に貸付けを受けているような場合は、貸付契約の内容に変更がない限り、取締役就任時にあらためて貸付けにつき取締役会の承認を得る必要はありません。なお、このような事例の場合には、取締役に就任する時点で、貸付金を返済することが一般的です。

ウ　承認手続と利益相反取引後の報告

利益相反取引を行う場合、直接取引、間接取引のいずれについても、競業取引規制と同様の承認手続および取引後の取締役会への報告が必要となります。なお、同種の取引を反復継続して行うこととなる継続的取引のような場合の承認手続は、包括的な承認で足りる点も同様です。

なお、間接取引の場合には、取引についての重要事実を取引後に取締役会に報告す

る必要性があるのは、会社を代表して取引を行った取締役です。

　　エ　取締役会の承認を得ない利益相反取引の効果

　取締役会の承認を得ないで行われた会社と取締役との利益相反取引の効力については、会社は取締役に無効を主張できます。しかし、利益相反取引が有効であることを前提としたその後の取引まで無効になってしまうと、取引の安全が害されることになるため、会社の無効主張は善意の第三者には対抗できません。

Q38　取締役の利益相反取引の開示

　株主は、どのような方法で取締役の利益相反取引を知ることができますか。

　利益相反取引のうち重要なものについては、注記表にその明細を記載することとされ（計規 112 条）、また有価証券報告書にも記載され、株主はこれらの書類を通じて知ることができます。

　なお、取締役の職務の執行に関し、不正の行為または法令もしくは定款に違反する重大な事実があったときは、監査役は、監査報告にその事実を記載することとされていますので（会規 129 条 1 項 3 号）、利益相反取引に関して取締役の義務違反がある場合、株主は、株主総会招集通知の添付書類である当該監査報告を通じて知ることもあります（会 437 条）。

　また、利益相反取引の内容がとくに重要である場合は、取締役と会社との間に特別の利害関係があることとなり、その取締役の選任議案が株主総会に付議されるときは、議案の参考書類にその旨を記載しなければなりません（会規 74 条 2 項 3 号、74 条の 3 第 1 項 2 号）。

Q39　執行役の利益相反取引規制

　指名委員会等設置会社の執行役の利益相反取引に関する義務の内容について教えてください。

　執行役は、取締役と同じ内容の、①利益相反取引に関して取締役会の事前承認を取得する義務、および、②取締役会への事後報告義務を負っています（会 419 条 2 項、356 条 1 項 2 号・3 号、365 条）。

⑶　その他の規制

上記のほかに会社法上の規制としては以下のものがあります。

ア　株主等の権利の行使に関する利益の供与に係る規制

会社は、自己の株主等の権利の行使（たとえば、株主総会における議決権行使が想定されます）に関して、何人に対しても財産上の利益を供与してはなりません（会120条1項）。そして、会社が特定の株主に対し、無償または著しく低い対価で財産上の利益を供与した場合、当該株主の権利の行使に関して供与したものと推定されます（同条2項）。

イ　違法な剰余金の配当等の場合

会社は、分配可能額（会461条2項）を超えて剰余金の配当または自己株式の有償取得などを行うことはできません（同条1項）。

ウ　買取請求に応じて株式を取得した場合

会社は、①株式譲渡制限を付す定款変更等に反対する株主からの株式買取請求（会116条1項）、および、②一株に満たない端数が生じる株式の併合に反対する株主からの株式買取請求（会182条の4第1項）に応じて、株式を取得する場合（組織再編行為時の反対株主による株式の買取請求に応じて株式を取得する場合は含まれません）、株主に対して支払った金銭の額が支払日時点の分配可能額を超えるときは、株式の取得に関する会社に対して、連絡して超過額を支払わなければなりません（会464条1項）。

エ　欠損が生じた場合

会社が、定時株主総会における配当などを除く剰余金の配当または自己株式の有償取得など、会社法465条1項各号に掲げる行為をした場合に、当該行為をした日の属する事業年度（その事業年度の直前の事業年度の計算書類について承認を受けていない場合には、直前の事業年度）の計算書類の承認時点において分配可能額がマイナスになったとき、当該行為に関する職務を行った業務執行者（計規159条）は、その職務を行うについて注意を怠らなかったことを証明しない限り、当該マイナス額か株主に対して交付をした額のいずれか小さい額を会社に対して填補しなければなりません（会465条1項）。

オ　その他

会社設立、募集株式の引受け、新株予約権の行使の際に、現物出資財産等の価額が定められた額に著しく不足する場合、当該行為に関与した取締役は不足額について填補責任を負います（会52条1項、213条1項、286条1項）。また、会社設立・募集株式の発行・現物出資財産の給付に際して出資の履行が仮装された場合や、新株予約権の発行時または行使時において払込み等が仮装された場合も、本来拠出されるべきであった財産に相当する金額について填補責任を負います（会52条の2第2項、103条

2 項、213 条の 3 第 1 項、286 条の 3 第 1 項）。ただし、募集設立の場合の現物出資財産等の価額の填補責任を除き（会 103 条 1 項）、取締役がその職務を行うについて注意を怠らなかったことを証明すれば、填補責任を負いません。

Q40　株主等の権利の行使に関する利益の供与に係る規制

株主等の権利の行使に関する利益の供与は、どのような場面で問題となりますか。

　元来、総会屋排除を主目的として設けられた規制ですが、近時は、株主に対する物品の供与が問題となることが主に考えられます。たとえば、株主から株主提案権が行使され、委任状勧誘合戦が行われていた状況のもと、会社側が議決権行使をした株主には賛否を問わず Quo カード 1 枚（500 円）を進呈する旨を株主に通知し、会社提案に賛成の議決権を求めた事案（東京地判平 19・12・6 判タ 1258 号 69 頁）では、裁判所は、利益供与を受けた議決権行使により可決したものであるとの理由で決議を取り消しました。このように、利益供与は総会屋関連問題から形を変え、委任状勧誘合戦や、議決権行使促進施策と関連して問題となることが多いと考えられますので、今後も留意が必要です。

第 2 節　取締役の民事上の責任

1　損害賠償責任

⑴　会社に対する損害賠償責任

　本章「第 1 節　取締役に対する義務と規制」（p.69）で説明したように取締役は、会社との間で委任の法律関係に立ち、善管注意義務、忠実義務を負います。そのため、これらの義務に違反して会社に損害を与えた場合には、一般原則に従い、債務不履行に基づく損害賠償責任を負います（会 330 条、民 644 条、415 条）。しかし、取締役の任務は、委任契約の内容だけで定まるものではなく、法律上当然に生ずる場合もあります。

ア　任務懈怠責任

⑺　任務懈怠責任の内容

　会社法は、会社、株主および会社債権者の利益保護を図るため、取締役に対し、その任務を怠ったことにより会社に生じた損害を賠償する責任（以下「任務懈怠責任」

といいます）を負わせる旨の規定を置いています（会423条1項）（巻末【資料4】「**会社法において取締役が負う義務・責任**」（p.150）参照）。

　　㈠　責任の主体と態様

　この任務懈怠責任を負う者は、任務懈怠等を行った当該取締役はもちろんのこと、取締役会の決議に参加しながらその議事録に異議をとどめなかった取締役についても当該決議事項について賛成したものと推定される（会369条5項）ことから、任務懈怠責任を負う場合があります。

　そして、任務懈怠責任を負う取締役などが複数いる場合は、連帯責任となります（会430条）。

Q41　監査等委員会設置会社の取締役や、指名委員会等設置会社の取締役・執行役の任務懈怠責任

　監査等委員会設置会社の取締役や、指名委員会等設置会社の取締役・執行役における任務懈怠責任は何か違いがありますか。

　監査等委員会設置会社の取締役や、指名委員会等設置会社の取締役・執行役についても、同様の責任を負うことになります。

　イ　会社法上の特別の定め

　会社法は、取締役の任務懈怠について、その責任を一部加重している場合があります。

　　㈠　損害額の推定

　取締役が競業取引を行う際の手続等に違反し、会社に損害が生じた場合、この競業取引で取締役の得た利益額が会社の損害額として推定されます（会423条2項）。

　　㈡　任務懈怠の推定

　次の表に記載の任務懈怠の場合、当該任務懈怠がなかったことまたは任務懈怠につき過失がなかったことを証明しない限り、当該任務懈怠をした取締役などは連帯して損害賠償責任を負います。

懈怠した任務の内容	任務懈怠が推定される者
利益相反取引の結果、対価の不当、取引上の債務不履行などの事由により会社に損害を与えた場合（会 423 条 3 項）	①自己のために直接取引を行った取締役（無過失責任。会 428 条 1 項） ②第三者のために直接取引を行った取締役 ③間接取引において会社と利益が相反する取締役 ④会社が利益相反取引を行うことを決定した取締役 ⑤利益相反取引に関する取締役会の承認の決議に賛成した取締役
株主等への権利行使に関し利益の供与に関与した場合（会 120 条 4 項）	法務省令に定める関与した取締役（会規 21 条）
分配可能額を超えて剰余金の配当または自己株式の有償取得などを行った場合（会 462 条）	①当該行為に関する職務を行った業務執行取締役および法務省令に定める職務上関与した取締役（会 462 条 1 項かっこ書、計規 159 条） ②その他会社法 462 条 1 項各号に定める取締役
分配可能額を超えて株式買取請求に応じた場合（会 464 条 1 項）	当該職務に関する職務を行った業務執行取締役および法務省令に定める職務上関与した取締役（会 462 条 1 項かっこ書、計規 159 条）
分配可能額を超えて定時株主総会での配当を除く剰余金の配当または自己株式の有償取得などをした場合（会 465 条 1 項）	当該行為に関する職務を行った業務執行取締役および法務省令に定める職務上関与した取締役（会 462 条 1 項かっこ書、計規 159 条）
会社設立時の出資または募集株式もしくは新株予約権の払込みの際に、現物出資財産等の価額が定められた額に著しく不足する場合（会 52 条 1 項、213 条 1 項、286 条 1 項）	①会社設立時の出資に関しては、設立時取締役（会 52 条 1 項） ②募集株式および新株予約権の払込みに関しては、募集に関する職務を行った業務執行取締役および法務省令に定める職務上関与した取締役、現物出資財産の価額の決定に関する株主総会・取締役会に議案を提案した法務省令に定める取締役（会 213 条 1 項、286 条 1 項、会規 44 条〜46 条、60 条〜62 条）
会社設立時の出資または募集株式もしくは新株予約権の払込みの際に払込み等が仮装された場合（会 52 条の 2 第 2 項、103 条 2 項、213 条の 3 第 1 項、286 条の 3 第 1 項）	①会社設立時の仮装の出資に関しては、仮装に関与した法務省令に定める設立時取締役（会 52 条の 2 第 2 項、103 条 2 項、会規 7 条の 2、18 条の 2） ②募集株式および新株予約権の仮装払込みに関しては、仮装に関与した法務省令に定める取締役（会 213 条の 3 第 1 項、286 条の 3 第 1 項、会規 46 条の 2、62 条の 2）

　　　㈦　無過失責任

　自己のために直接利益相反取引を行った取締役は、任務懈怠について過失がなかったとしても損害賠償責任を免れません（会 428 条 1 項）。取締役が、会社との直接取引から会社の損害において得た利益を保持することを許さない趣旨です。

　また、株主等の権利行使に関し利益を供与した取締役も無過失責任として損害賠償責任を負います（会 120 条 4 項）。

⑵　第三者に対する損害賠償責任

　取締役は、会社に対する職務を怠り、結果的に第三者に損害を及ぼした場合であっても、原則として責任を負いません。

　しかし、会社法は、取締役の悪意または重過失により第三者（会社の債権者のほか、株主も一部の場合を除き含まれます）に損害が生じる場合、および虚偽の情報を開示した場合に、それぞれ特別の責任を認める規定を置いています（会 429 条）。

ア　悪意または重過失

　取締役の職務執行につき悪意または重過失があった場合は、その結果第三者に生じた損害につき賠償責任を負います（会 429 条 1 項）。複数の取締役等で損害賠償責任を負う場合、連帯責任となります（会 430 条）。取締役が直接第三者に損害を与えた場合（直接損害）だけではなく、取締役の悪意・重過失により会社が損害を被り、その結果第三者に損害を与えた場合（間接損害）も含まれます。なお、株主の間接損害については、公開会社である株式会社の業績が取締役の過失により悪化して株価が下落したことなどによって全株主が平等に不利益を受けている場合には、株主は代表訴訟を提起すべきであり、本条に基づき取締役に直接損害賠償請求することは認められないとした事例があります（東京高判平 17・1・18 金判 1209 号 10 頁）。

　また、取締役が職務執行について悪意または重過失があったことを理由に第三者に対して損害賠償責任を負う場合、当該会社と補償契約を締結しているときであっても、当該損害賠償額については会社は補償できません（会 430 条の 2 第 2 項 3 号）。

Q42　第三者に対する損害賠償責任の具体例

取締役の第三者に対して認められた損害賠償責任にはどのようなものがありますか。

過去の判例で議論されたものとしては、次のようなものがあります。
① 　支払見込みのない手形の発行
② 　詐欺行為（相手方を欺罔して会社と取引をさせた場合）
③ 　放漫経営（経営が適切さを欠き、会社業績、資産内容を悪化させ、結果的に第三者の会社に対する債権を回収不能とさせた場合）
④ 　会社財産の横領
⑤ 　会社の受寄物（会社が第三者から預かっている財産）の横領（会社の受寄物を会社経営の必要から処分流用する場合）
⑥ 　監視・監督義務違反（上記①〜⑤に掲げた行為に自ら積極的に関与しなくても、他の取締役または使用人等のかかる行為を防止すべきであったのにそれを怠った場合）

イ　虚偽記載等の責任

　取締役が、株式、新株予約権などを引き受ける者の募集をする際に通知しなければならない重要な事項、またはその募集の際の説明資料、ならびに計算書類および事業報告、これらの附属明細書、臨時計算書類に記載すべき重要な事項につき、虚偽の通知・記載を行った場合、または虚偽の登記もしくは公告をした場合には、第三者に対して損害賠償責任を負います。この責任は、第三者の保護を図るため、取締役の側で過失がなかったことを立証しない限り責任を負うことになります（会 429 条 2 項）。

Q43　責任の消滅時効

取締役の各種の民事責任はいつまで存続しますか。

　取締役の会社に対する損害賠償責任については、民法 166 条 1 項による 10 年間の消滅時効が適用されます（取締役の第三者に対する損害賠償責任の消滅時効期間についても、判例は会社に対する損害賠償責任と同様、10 年と解しています）。

2　取締役の責任の減免

(1)　総株主の同意による免除

　取締役の会社に対する任務懈怠による損害賠償責任は、総株主の同意があれば全額

または一部免除をすることができます（会424条、120条5項。ただし、462条3項により、違法な剰余金配当等に関する責任の免除は分配可能額を限度とします。以下、巻末【資料5】「役員等の責任減免」（p.153）参照）。なお、総株主には議決権のない株式の株主も含まれます。

⑵　株主総会の特別決議による事後的な一部免除

ア　意　義

取締役がその職務を行うにつき善意でかつ重大な過失がない場合（すなわち軽微な過失である場合のみ）、株主総会の特別決議（会309条2項8号）により、最低責任限度額まで任務懈怠による損害を免除することができます（会425条1項）。最低責任限度額とは、会社に対して責任を負う額から、株主総会決議により最大限、責任を免除したときの残りの額をいい、法律上の定めに従い計算されます（大まかにいうと、最低責任限度額は、代表取締役は報酬等の6年分、業務執行取締役は報酬等の4年分、非業務執行取締役は報酬等の2年分です）。報酬等のほかに、退職慰労金等を受け取っている場合や、新株予約権（ストック・オプション）行使による利益がある場合には、これらの金額も踏まえて最低責任限度額が計算されます（会425条1項、会規113条、114条）。

〔免除額の計算の具体例〕

たとえば、8年間在職し、すでに退職した元取締役（業務執行取締役）について任務懈怠による責任が問題となっている場合、在職期間中の年額報酬の最高額が2,000万円、すでに受領した退職慰労金が4,000万円、新株予約権行使によって得た利益が1,000万円とすると、免除できる限度額は、元取締役が賠償しなければならない額から

　　①報酬：2,000万円×4＝　　　　　　　　8,000万円
　　②退職慰労金：4,000万円÷8年×4＝2,000万円
　　③新株予約権行使による利益：（全額）1,000万円
　　　　　　　　　　　　　　　　計　11,000万円

を控除した金額となります。

したがって、元取締役が賠償しなければならない額が仮に2億円であったとすると、2億円から上記の1億1,000万円を控除した9,000万円を上限として賠償責任を免除することができる、つまり最大1億1,000万円まで賠償責任額を軽減できることになります。

イ　責任免除後の退職慰労金の支給等

　責任免除決議を株主総会で行った後に会社が当該取締役に退職慰労金等の財産上の利益を与えるとき、または当該取締役がとくに有利な条件で引き受けた新株予約権を決議後に行使し、もしくは譲渡するときには、当該取締役が責任免除額算出時に考慮されなかった利得を無制限に得ることを防ぐため、株主総会の承認を受けなければならないこととされています（会425条4項）。

　また、当該取締役がストック・オプションとして付与された新株予約権証券を所持しているときは、責任免除決議後遅滞なく当該新株予約権証券を会社に対し預託しなければならず、預託後は株主総会の承認がなければ返還を求めることができません（会425条5項）。

(3)　定款規定に基づく取締役会決議による事後的な一部免除

　取締役がその職務を行うにつき善意でかつ重大な過失がない場合、定款に責任免除に関する所定の規定が設けられているときには、取締役会決議により最低責任限度額まで免除することができます。なお、取締役会が取締役の責任を免除できるのは、責任の原因となった事実の内容、その取締役の職務執行の状況その他の事情を勘案して、とくに必要があると認められるときに限定されています（会426条1項）。

　責任免除後の退職慰労金の支給等については、前記(2)「**イ　責任免除後の退職慰労金の支給等**」と同様の取扱いとなります（会426条8項、425条4項・5項）。

(4)　非業務執行取締役に関する定款に基づく事前の責任限定契約

　非業務執行取締役には、取締役会の構成員として、代表取締役をはじめとする業務執行取締役の業務執行を監視・監督する役割が期待されています。非業務執行取締役は、必ずしも会社の業務に通じているわけではありませんので、過大な責任を負わせてしまうと、そのなり手がいなくなるということになりかねません。

　そこで、会社は、任務懈怠による取締役の責任（会423条1項）について、その取締役が職務を行うにつき善意でかつ重大な過失がないときは、定款で定めた額の範囲内であらかじめ定めた額と最低責任限度額とのいずれか高い額を限度とする旨の契約（責任限定契約）を非業務執行取締役と締結することができる旨を定款で定めることができます（会427条1項）。

　なお、責任限定契約を締結した非業務執行取締役が、当該会社の業務執行取締役または支配人その他の使用人に就任したときは、当該契約は将来に向かって失効します（会427条2項）。

　非業務執行取締役が責任を負う額の限度は、定款で定めた額の範囲内であらかじめ会社が定めた額と最低責任限度額とのいずれか高い額となります。最低責任限度額の計算方法は、前述した株主総会の特別決議による責任免除の場合と同じです（会425

条 1 項）。株主総会の特別決議による責任免除および定款規定に基づく取締役会決議による責任免除の場合には、最低責任限度額は責任免除額の限度額として機能するのに対し、契約に基づく非業務執行取締役の責任限定は、会社があらかじめより高い責任額を定めていない限り最低責任限度額が責任額の上限となるということが異なります。

　なお、責任限定後の退職慰労金の支給等については、前記⑵「**イ　責任免除後の退職慰労金の支給等**」と同様の取扱いとなります（会 427 条 5 項、425 条 4 項・5 項）。

⑸　責任免除の特則

ア　取締役が自己のためにした取引に関する特則

　利益相反取引のうち、自己のために会社と取引をした取締役の任務懈怠による責任（会 423 条 1 項）は、任務懈怠がその取締役の責めに帰することができない事由によるものであったとしても、総株主の同意がなければ免れることができません（会 424 条、428 条 1 項、2 項）。

イ　株主等の権利の行使に関する利益供与に係る責任の軽減

　株主等の権利の行使に関する利益供与に関与した取締役の負う義務は、総株主の同意がなければ免除することができず（会 120 条 5 項）、一部免除の規定の適用もありません。

ウ　違法な剰余金の配当等に関する責任の軽減

　違法な剰余金の配当等に関して業務執行取締役および議案提案取締役が負う義務は、総株主の同意をもって、剰余金の配当等を行った時における分配可能額を限度として免除する場合を除き、免除することができません（会 462 条 3 項）。また、一部免除の規定の適用もありません。

エ　欠損が生じた場合における責任の軽減

　反対株主の買取請求に応じて株式を取得した場合の責任および株式の買取り等の結果、欠損が生じた場合の責任についても、総株主の同意がなければ免除することができず（会 464 条 2 項、465 条 2 項）、一部免除の規定の適用もありません。

Q44　責任の免除と責任の限定の違い

　取締役の責任につき、その賠償責任額を制限するにあたり、「責任の免除」と「責任の限定」という2通りの言葉が使われていますが、どのような違いがありますか。

　次のような違いがあります。

責任の免除	責任の限定
・対象者は、取締役、監査役および会計監査人 ・事後的に総会決議または取締役会決議により賠償責任を免除すること ・最低責任限度額以上に賠償を求めること、まったく免除しないことも可能	・対象者は、非業務執行取締役、監査役および会計監査人のみ ・事前に「責任限定契約」を締結し、それに基づき賠償責任を限定すること ・契約で賠償責任を負担する上限額を確定し、それ以上の責任を負わない

⑹　補償契約

　多くの株主は、取締役による職務執行により最大限の利益が得られることを求めますが、これにより、取締役が結果として責任追及される場合（株主に最大限の利益を還元できず、結果として責任を追及される場合）も生じるうるため、取締役が経営判断を下すことを委縮してしまうことが起こりえます。

　このような状況に対応するため、令和元年改正会社法により「補償契約」および「役員等のために締結される保険契約」に関する規律が設けられました（後記「⑺　**取締役のために締結される保険契約（D&O保険）**」参照。それぞれ必要な手続等については、巻末**【資料6】「補償契約、D&O保険」**（p.155）参照）。具体的には、いずれも契約の締結にあたり、株主総会（取締役会設置会社の場合、取締役会）の決議が必要となり（会430条の2第1項、430条の3第1項）、契約の内容につき事業報告への記載が必要となります。

ア　意　義

　補償契約とは、取締役に発生した防御費用や第三者への賠償金や和解金に関して、その全部または一部を当該株式会社が取締役に対して補償することをあらかじめ約束する契約をいいます（会430条の2）。なお、補償の要否およびその額についても相当と認められる範囲内でなければ、補償を決定した取締役が善管注意義務違反を問われる可能性があります。

　また、補償契約は、会計参与、監査役、執行役または会計監査人にも適用されます（会423条1項かっこ書）。

イ　補償の対象

㋐　補償の対象となる費用・損失

補償契約における補償の対象となる費用・損失は以下のとおりです。

・当該取締役がその職務の執行に関し、法令の規定に違反したことが疑われ、または責任の追及に係る請求を受けたことに対処するために支出する費用（会 430 条の 2 第 1 項 1 号）

・当該取締役がその職務の執行に関し、第三者に生じた損害を賠償する責任を負う場合における次の損失

① 当該損害を当該取締役が賠償することにより生ずる損失（同項 2 号イ）

② 当該損害の賠償に関する紛争について当事者間に和解が成立したときは、当該取締役が当該和解に基づく金銭を支払うことにより生ずる損失（同項 2 号ロ）

　防御費用に関する補償（会 430 条の 2 第 1 項 1 号）は、取締役が職務執行につき悪意または重過失があったかどうかにかかわらず、原則補償の対象となります（別段の取扱いをする旨の定めをしておくことも可能です）。しかし、会社が防御費用を補償した後に、補償を受けた取締役が自己もしくは第三者の不正な利益を図りまたは当該会社に損害を加える目的で職務を執行したことを会社が知った場合、当該取締役は補償を受けた金額に相当する金銭の返還を会社から請求される場合があります（同条 3 項）。

㋑　補償の対象とならない費用・損失

　取締役の職務執行の適正性の観点から補償契約における補償の対象とならない費用・損失は以下のとおりとなっています。

・防御費用のうち、通常要する費用の額（訴えの性格等、諸般の事情を総合的に勘案し、最終的には裁判所が判断する額。参考：大阪地判平 22・7・14 判時 2093 号 138 頁）を超える部分（会 430 条の 2 第 2 項 1 号）

・会社が取締役の任務懈怠により第三者に対する損害賠償責任を負う場合、当該取締役の任務懈怠責任に係るものとして当該取締役に求償できる損失（同項 2 号）

・取締役がその職務を行うことにつき悪意または重大な過失があったことにより、第三者に生じた損害（同項 3 号）

Q45　補償契約における前払い

取締役に補償する費用などを前払いすることはできますか。

通常、防御費用が現実に発生していない時点で防御費用を前払いするのは、その前払

い額が「通常要する費用の額」といえるのか判断するのが難しい場合があります。しかし、現実に防御費用が発生した場合に当該防御費用を支払う資力を有しないときは「通常要する費用の額」について前払いをすることを認めるといった補償契約とすることは可能です。

Q46　罰金や課徴金についての補償

　取締役が納付しなければならない罰金や課徴金について、補償契約に基づき当該額を補償することはできますか。

　罰金や課徴金を定めている各法規の趣旨を損なうおそれがあるため、取締役が支払わなくてはならない罰金や課徴金について、補償契約に基づき会社が補償することはできません。

Q47　取締役に対する責任追及の訴えと和解金の補償

　取締役に悪意または重大な過失があったか否か不明な場合、会社が取締役に対する責任追及の訴えに関する和解金について補償をすることはできますか。

　取締役に悪意または重大な過失があったか否か不明な状況で取締役に対する責任追及の訴えに関する和解が成立した場合、会社が当該取締役に悪意または重大な過失がなかったと判断したときは和解金を支払うことにより生ずる損失について当該取締役に補償を行うことができます。

⑺　取締役のために締結される保険契約（D&O 保険）
　ア　意　義
　取締役のために締結される保険契約（以下「役員等賠償責任保険」といいます。D&O保険ともいわれます）とは、会社が保険会社との間で締結する保険契約のうち、取締役がその職務の執行に関し責任を負うことまたは当該責任追及の訴えを受けることにより生ずることのある損害を保険会社が填補することを約する保険契約をいい、被保険者が取締役であるものをいいます（会430条の3第1項）。そのため、保険契約者が取締役自身である場合、取締役のために締結される保険契約に関する会社法上の規定は適用されません。

　また、役員等賠償責任保険の具体的な内容は、会社と保険会社との間の契約内容によりますが、①取締役が会社以外の第三者から訴えられた場合の賠償責任およびその防御費用、②株主代表訴訟で取締役が勝訴した場合の防御費用、③株主代表訴訟で取締役が敗訴した場合の賠償責任および防御費用が填補されるものが一般的です。

　なお、役員等賠償責任保険は、会計参与、監査役、執行役または会計監査人にも適用されます（会 423 条 1 項かっこ書）。

　　イ　役員等賠償責任保険の対象外となる保険

　役員等賠償責任保険の対象外となる保険としては、生産物賠償責任保険（PL 保険）、企業総合賠償責任保険（CGL 保険）、自動車賠償責任保険、海外旅行保険などが具体的に挙げられます。（会 430 条の 3 第 1 項かっこ書、会規 115 条の 2）。これらの保険は、取締役自身の責任に起因する損害を填補することを主たる目的とする保険とは異なる性質であるため、役員等賠償責任保険の対象外となっています。

Q48　役員等賠償責任保険の内容の決定と特別利害関係人

　役員等賠償責任保険の内容の決定にあたっては、取締役会で決定すると規定されていますが、取締役全員または一部が被保険者となる場合、会社法上の特別利害関係人規定（会 369 条 2 項）との関係でどのような決議方法をとればよいですか。

　被保険者となる取締役は、役員等賠償責任保険の内容の決定につき「特別の利害関係」を有していると考えられるため、当該決議に参加することはできません。取締役全員が被保険者となるような状況となった場合には、順次別個に当該被保険者ごとの決議事項としたうえで当該被保険者以外の取締役により決議するという手法が考えられます。

Q49　補償契約および役員等賠償責任保険契約の締結と利益相反取引規制の関係性

　補償契約や取締役を被保険者とする保険契約を締結することは、**本章第 1 節 2「(2)取締役の利益相反取引規制」**（p.77）における「利益相反取引規制」違反となりますか。

　会社法は、補償契約および役員等賠償責任保険契約締結につき、利益相反取引規制に関する条文を適用しないとしていますので（会 430 条の 2 第 6 項、430 条の 3 第 2 項）、利益相反取引規制違反に該当しません。

3　責任の追及

(1)　株主代表訴訟
ア　制度の趣旨

　任務懈怠をした取締役の会社に対する責任は、会社自身によって追及されなくてはなりません。しかし、この責任追及は、時として情実に流されて不問に付される危険性もあり、その実効性を期待しにくい場合がありえます。そこで、会社法は、個々の株主が、会社のために、取締役が会社に対して負担する一切の債務（不法行為や所有権に基づく請求等は含まれません）につき、会社の権利を行使して訴えを提起することができることとしました。この訴えを株主代表訴訟（以下「代表訴訟」といいます）といいます（手続の流れについては下図参照）。

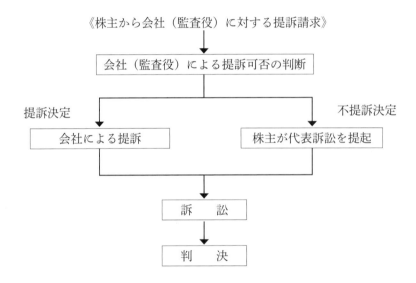

イ　提訴

　株主は、まず、会社（監査役）に対して書面または電子メール等により代表訴訟を提起するように請求し（会847条1項、会規217条）、60日以内に会社が当該訴訟を提起しない場合（回復しがたい損害が生じるおそれがある場合は直ちに）、代表訴訟を提起することができます（会847条3項・5項）。

　株主から訴えを提起する請求を受けた場合、監査役（監査等委員会設置会社の場合には監査等委員、指名委員会等設置会社の場合には監査委員）が会社を代表して、その請求に応じるかどうかを判断し、応じることとした場合はその訴訟追行をします（会386条、399条の7、408条）。

ウ　担保提供

　株主による代表訴訟の濫用を防ぐため、訴えられた取締役は、代表訴訟を提起した株主に対して、相当の担保を提供するように裁判所に申し立てることができます（会847条の4第2項）。この場合、取締役は、株主が悪意で訴訟を提起していることについて裁判所に疎明（一応確からしいとの認識を持つ程度の証明）をしなければなりません（同条3項）。

エ　訴訟の告知

　代表訴訟を提起した株主は、遅滞なく会社に対し訴訟の告知をしなければならず、会社は、取締役の責任を追及する訴えを提起したとき、または代表訴訟の提起の告知を受けたときは、遅滞なくその旨を公告し、または株主に通知しなければなりません（会849条4項・5項）。これらは，会社・株主に対し、相互に訴訟に参加する機会を与え、不当な訴訟追行を監視する機会を与えるためのものといわれています。

オ　訴訟参加

㋐　原告側への参加

　会社が取締役の責任追及の訴訟を提起しているときは株主が、株主により代表訴訟が提起されているときは会社またはその他の株主が、それぞれ共同訴訟人として原告に訴訟参加することができます（会849条1項）。

㋑　被告（取締役）側への会社の補助参加

　株主が訴えを提起した場合において、会社が取締役に責任がないと考えるときなど、取締役を補助する必要があると考えるときは、会社は、取締役側に補助参加することもできます（会849条1項）。この場合、監査役（監査等委員会設置会社の場合には監査等委員、指名委員会等設置会社の場合には監査委員）の全員の同意が必要です（同条3項）。

カ　判決の効力

　代表訴訟の判決の効果は、勝敗にかかわらず会社に及びます（民訴115条1項2号）。敗訴した株主は、悪意があった場合のみ、会社に対して損害賠償責任を負うことになります（会852条2項）。

キ　費用の会社負担

　代表訴訟を提起された取締役は、代表訴訟が取締役個人に対して提起される訴訟であることから、原則として自ら弁護士費用を負担して防御する必要がありますが、取締役が勝訴した場合、相当の額を会社に請求できるとすべきであるとの学説があり、実務上も、役員等賠償責任保険で填補されるのが通常です。また、会社が通常要する防御費用を負担する旨の契約を取締役との間であらかじめ締結しておくこともできます（会430条の2）。

Q50　代表訴訟の原告となる株主の範囲（原告適格）

代表訴訟を提起できる株主（代表訴訟の原告適格を有する株主）とはどのような株主ですか。

代表訴訟を提起できる株主は、公開会社の場合、原則として 6 カ月前から引き続き株式を有している個々の株主となります（会 847 条 1 項）。この株式保有期間は、定款で定めることにより短縮できますが、延長することはできません。なお、単元未満株主については、定款で代表訴訟を提起する権利を行使できない旨を定めることができます（会 189 条 2 項）。

また、代表訴訟を提起した株主や共同訴訟参加した株主が、訴訟係属中に株主でなくなった場合でも、①株式交換もしくは株式移転によりその会社の完全親会社の株主となったとき、または、②合併による消滅会社の株主であって、合併により存続会社、新設会社もしくは存続会社の完全親会社の株主となったときには、その株主は訴訟を追行できます（会 851 条 1 項）。

Q51　会社による取締役責任追及訴訟における和解

取締役の責任追及に関する訴訟で和解をする場合の会社側の注意点を教えてください。

会社が取締役の責任を追及する訴訟における和解をする場合、当該会社の総株主の同意は必要とされません（会 850 条 4 項）。一方で、会社は和解をするにあたって監査役全員（監査等委員会設置会社にあっては監査等委員全員、指名委員会等設置会社にあっては監査委員全員）の同意が必要になります（会 849 条の 2）。

代表訴訟について和解をする場合において、会社がその和解の当事者でないときは、裁判所は、会社に対して和解の内容を通知することになっています。その通知において、裁判所は、2 週間以内に和解内容に異議があれば述べるよう催告し、会社がこの期間内に書面で異議を述べなかった場合は、当該通知の内容で原告株主が和解をすることを承認したものとみなされます（会 850 条 1 項〜3 項）。

(2)　違法行為の差止請求

6 カ月前から引き続き株式を有する株主（公開会社以外の会社では、株主であれば足り、6 カ月の株式継続保有は必要ありません（会 360 条 2 項））は、取締役の法令・定款違反の行為により会社に著しい損害が生ずるおそれがある場合（監査役（会）設置会社、監査等委員会設置会社または指名委員会等設置会社の場合にあっては「回復すること

ができない損害」が生ずるおそれがある場合（同条 3 項））、取締役に対し、その行為の差止めを請求することができます（同条 1 項）。この違法行為差止請求権は、株主が取締役の業務執行をチェックする手段の 1 つとして認められたものです。株主の代表訴訟提起権が、いわば事後における損害賠償の積極的給付を目的とする制度であるのに対し、この株主の違法行為差止請求権は、違法行為がなされる前における事前の防止措置であるといえます。なお、この 6 カ月という期間については、定款でこれを下回る期間を定めることができます。

⑶　多重代表訴訟（最終完全親会社等の株主による特定責任追及の訴え）

ア　制度の趣旨

　本来、子会社の取締役が任務懈怠などにより当該子会社に対し責任を負う場合、当該子会社の株主である親会社自身が責任追及の訴えを提起するのが原則です。しかし、親子会社間の馴れ合い等により、親会社自身がかかる責任追及を怠るおそれがあり、そのような事態に陥ると最終的には親会社の株主の利益が害されることになります。

　そこで、親会社株主の利益保護および親会社の監視・監督責任の明確化、子会社経営への間接的な関与による健全なグループ間経営の実現を達成するため、企業グループを形成している親会社の株主が直接子会社の取締役の責任を追及できる制度として多重代表訴訟が置かれています（手続の流れについては次頁の図参照）。

　この制度によれば、一定の要件を満たす場合には、最終完全親会社等の株主は、まず、当該子会社に対し、当該子会社の発起人等の特定責任を追及する訴えを提起するよう請求することができます。この請求の日から 60 日以内に当該子会社が提訴しないときには、最終完全親会社等の株主は当該子会社のために発起人等の特定責任追及の訴えを提起することができます（会 847 条の 3）。

イ　訴えを提起できない場合

多重代表訴訟は、次の場合には提起することができません。

①　責任追及の訴えが当該株主もしくは第三者の不正な利益を図り、または当該株式会社もしくは当該最終完全親会社等に損害を加えることを目的とする場合

②　当該特定責任の原因となった事実によって当該最終完全親会社等に損害が生じていない場合

《最終完全親会社株主から子会社（監査役）に対する提訴請求》

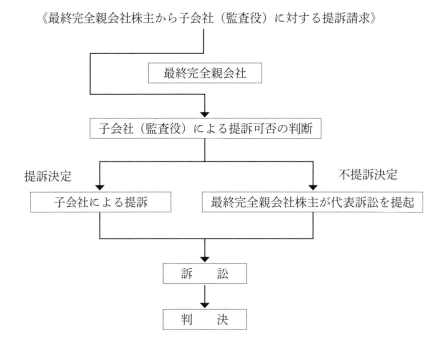

Q52　多重代表訴訟の原告となる株主の範囲（原告適格）

多重代表訴訟を提起できる株主とはどのような株主ですか。

多重代表訴訟の提起は次の株主に認められます。
① 当該株式会社の最終完全親会社等（完全親会社、および自己の完全子会社等とともにまたは自己の完全子会社等を通じて他の会社の発行済株式のすべてを有する株式会社を完全親会社等といい、完全親会社等であって自己の完全親会社等がないものを最終完全親会社等といいます）の株主
② 当該最終完全親会社等の総株主の議決権または発行済株式の100分の1以上を保有している株主
③ 最終完全親会社等が公開会社である場合には、②の要件を6カ月前から引き続き充足している株主（ただし、この6カ月という条件については、定款でこれを下回る条件を定めることができます）

Q53　多重代表訴訟の被告となりうる者の範囲（被告適格）と追及対象となる責任

多重代表訴訟の被告およびその責任の追及対象はどのような範囲ですか。

多重代表訴訟においては、②の要件を満たす①の者の責任が対象範囲となります。なお、多重代表訴訟の対象となる子会社は国内会社に限られます。

① 　当該株式会社の発起人、設立時取締役、設立時監査役、取締役、会計参与、監査役、執行役、会計監査人または清算人である者またはあった者（以下「発起人等」といいます）

② 　発起人等の責任の原因となった事実が生じた日において完全親子会社関係が存在しており、その日における最終完全親会社等およびその完全子会社等における当該株式会社の株式の帳簿価格が、当該最終完全親会社等の総資産額として法務省令で定める方法により算定される額の5分の1を超えていた場合における、当該株式会社の発起人等の責任（特定責任）であること

Q54　多重代表訴訟の対象となる特定責任の株主総会決議による事後的な免除の可否

多重代表訴訟の対象となる特定責任について、株主総会の特別決議により事後的に免除することはできますか。

任務懈怠による取締役の責任が、多重代表訴訟の対象となる特定責任にあたる場合であっても、株主総会の特別決議により事後的に一部免除することができます。免除にあたっては、当該会社の上記の株主総会決議に加え、当該会社の株式をすべて保有する最上位の親会社（最終完全親会社等）の株主総会の特別決議も受ける必要があります（会425条1項）。

最終完全親会社等の株主総会の特別決議を受ける際は、最終完全親会社等の取締役が、責任免除に関する議案を同株主総会に提出することにつき最終完全親会社等の各監査役の同意を得たうえで、法定の事項を最終完全親会社等の株主総会で開示する必要があります（会425条2項・3項）。なお、総株主の同意による責任の免除についても、当該会社の総株主の同意に加え、その最終完全親会社等の総株主の同意が必要です（会847条の3第10項）。

Q55　多重代表訴訟の対象となる特定責任の取締役会決議による事後的な免除の可否

　多重代表訴訟の対象となる特定責任について、定款規定に基づく取締役会決議により事後的に免除することはできますか。

　任務懈怠による取締役の責任が、多重代表訴訟の対象となる特定責任にあたる場合であっても、自社の定款規定に基づく取締役会決議により事後的に一部免除することができます。免除にあたっては、当該会社による公告または通知に加え、当該会社の株式をすべて保有する最上位の親会社（最終完全親会社等）の取締役も公告を行い、または最終完全親会社等の株主に対して個別に通知する必要があります（会426条5項）。

　なお、最終完全親会社等の総株主の議決権の100分の3（これを下回る割合を定款で定めた場合には、その割合）以上の議決権を有する株主が公告・通知に定められた期間内に異議を述べたときは、会社は責任免除をすることができません（同条7項）。

Q56　多重代表訴訟の対象となる特定責任の限度額の責任限定契約による設定の可否

　定款規定に基づく責任限定契約により、多重代表訴訟の対象となる特定責任の限度額を設定することはできますか。

　任務懈怠による取締役の責任が、多重代表訴訟の対象となる特定責任にあたる場合であっても、自社の定款規定に基づく責任限定契約を非業務執行取締役と締結することにより、責任の限度額を設定することができます。責任限定契約を締結した会社が、契約の相手方である非業務執行取締役の任務懈怠により損害を受けたことを知った場合、当該会社に加え、当該会社の株式をすべて保有する最上位の親会社（最終完全親会社等）も、その後最初に招集される株主総会において法定の事項を開示しなければなりません（会427条4項）。

(4)　取締役の解任請求

　6カ月前から引き続き総株主の議決権または発行済株式の100分の3以上にあたる議決権または株式を保有する株主（公開会社以外の会社では、株主であれば足り、6カ月の株式継続保有は必要ありません（会854条2項））は、取締役にその職務の遂行に関して不正行為や法令・定款違反の重大な事実があるにもかかわらず、株主総会においてその取締役の解任が否決されたときなどは、その株主総会の日から30日以内に、裁判所に対してその取締役の解任を請求することができます（会854条1項）。この6

カ月または 100 分の 3 という条件については、定款でこれを下回る条件を定めることができます。なお、株主は、緊急を要する場合、取締役の職務の執行を停止しまたは職務代行者を選任する旨の仮処分を裁判所に申し立てることができます（会 917 条、民保 23 条 2 項、56 条）。

⑸　株主の帳簿閲覧

総株主の議決権または発行済株式の 100 分の 3 以上を保有する株主は、代表訴訟、差止請求、解任請求等の株主の権利行使を行う前提として、会社の経理の状況を正確に知るために、会計帳簿またはこれに関する資料の閲覧または謄写を請求することができます（会 433 条 1 項）。この 100 分の 3 という割合については、定款でこれを下回る割合を定めることができます。

Q57　責任追及時の会社の代表

取締役の責任を追及する訴訟を提起する場合の会社側の代表は誰になりますか。

取締役に対し責任追及の訴えを提起する場合には、当該会社の監査役（会 386 条）（監査等委員会設置会社の場合には監査等委員会が選定する監査等委員または監査等委員が訴訟当事者であるときには取締役会または株主総会が定める者（会 399 条の 7）、指名委員会等設置会社の場合には監査委員会が選定する監査委員または監査委員が訴訟当事者であるときには取締役会または株主総会が定める者（会 408 条））が会社を代表します。監査役（会）設置会社、監査等委員会設置会社、指名委員会等設置会社のいずれでもない会社の場合は、株主総会または取締役会が定めた者（会 353 条、364 条）または代表取締役が代表となります（会 349 条 4 項）。また、監査役会設置会社の場合には監査役会の決議によることなく、各監査役が単独で訴えの提起ができます。

第 3 節　取締役の刑事上の責任

会社法は、会社の財産を守り、健全な会社経営を図るため、取締役に対し、特別の罰則を定めています。

なお、取締役が会社法やその他の金融商品取引法、破産法等に定める罪により処罰されると、取締役の欠格事由（会 331 条 1 項 3 号）に該当し、取締役を強制的に退任することになり、また、刑の執行が終わってから 2 年間は取締役になることはできません（**第 1 章「第 2 節　取締役の資格・選任・終任」**（p.3）参照）。また、その他の刑罰を受け、禁固以上の刑に処せられると、刑の執行が終了するまで、取締役になるこ

とはできません（同条同項 4 号。なお、巻末【資料 7】「会社法に基づく取締役等の罰則一覧」（p.156）参照）。

1　特別背任罪（会 960 条、962 条）

⑴　制度の目的

　本罪は、取締役自身もしくは第三者の利益を図り（図利目的）または会社に損害を与える（加害目的）という目的で、取締役がその任務に違背し会社に財産上の損害を与える行為そのものを、とくに重く処罰するために設けられました。

　なお、会社経営に失敗した取締役は、焦げつき融資やリベートの支払いなどが絡んでいた場合、本罪により責任を追及されることが多い傾向にあります。

⑵　違反の効果

　本罪が成立した場合、10 年以下の懲役または 1,000 万円以下の罰金が科されます（併科されることもあります）。

Q58　「会社のため」に行った行為と本罪の成立

　取締役が会社のために遂行した業務執行について特別背任罪が成立することがあるのでしょうか。

　取締役による会社運営の結果、経営上の危険が現実化（損害の発生）した場合、決断を下した取締役に対して、とかく非難が集まりがちになりますが、図利目的や加害目的が認定しえない限り、本罪は成立しません。

　たとえば、財務内容が悪化した取引先に対する緊急融資が効を奏さず、結果的に融資金の回収不能という損害が発生した場合でも、当該取引先に対しては多額の債権があり取引先の再生が会社にとって重要な課題であり、再建が可能と合理的に判断したときは、それがもっぱら会社の利益のために行ったものである限り、本罪は成立しないでしょう。

2　会社財産を危うくする罪（会 963 条）

⑴　制度の目的

　本罪は、前述の特別背任罪を補充するものとして、会社財産に損害を及ぼす典型的行為（たとえば、①会社の計算で不正に自己株式を取得したとき、②法令または定款の規定に違反して剰余金の配当を行ったとき、③会社の目的の範囲外において、投機取引のために株式会社の会社財産を処分したとき）について取締役を処罰するものです。すなわち、図利加害目的が認められないために特別背任罪が成立しない場合であっても、本

罪の要件が満たされれば補充的に本罪が成立することになります。

(2)　違反の効果

本罪が成立した場合、5年以下の懲役または500万円以下の罰金が科されます（併科されることもあります）。

3　株主等の権利の行使に関する贈収賄罪（会968条）

(1)　制度の目的

本罪は、株主等の権利が適正に行使されることを保護するため、取締役が株主総会における議決権の行使や発言等に関して「不正の請託」（要するに違法な依頼）をして財産上の利益を供与し、または供与を約束した場合、処罰するための規定です。

(2)　違反の効果

本罪が成立した場合、5年以下の懲役または500万円以下の罰金が科されます。

4　株主等の権利の行使に関する利益供与の罪（会970条）

(1)　制度の目的

本罪は、会社財産の費消防止ならびに健全な株主総会の運営を保持するため、自己の株主、自己の適格旧株主（会847条の2第9項）、自己の最終完全親会社等（会847条の3第1項）の株主による株主総会における議決権、代表訴訟提起権、株主提案権・質問権、総会議事録・取締役会議事録の閲覧権などの権利の行使に関する、金銭、物品、サービスの提供、債務免除、信用供与などの財産上の利益の供与を処罰するための規定です。

(2)　違反の効果

本罪が成立した場合、3年以下の懲役または300万円以下の罰金が科されます。

5　その他の罰則

以上のほかに、会社法上の罰則には、①株式、新株予約権、社債または新株予約権付社債の募集に際し虚偽の記載のある資料・広告等を使用した取締役に対する「虚偽文書行使等の罪」（会964条）、②金融機関と意思を通じて株式の発行に係る払込みを仮装した場合の「預合いの罪」（会965条）、③定款に定める授権資本枠を超えて株式を発行した場合の「株式の超過発行の罪」（会966条）、④取締役等の贈収賄罪（会967条）などがあり、5年以下の懲役または500万円以下の罰金が科されます（①②は併科されることもあります）。

6　過料に処せられる行為

(1)　制度の目的

会社法には、会社法上の義務違反につき、「過料」を課すことにより履行を担保しようとする規定もあります（会976条〜978条）。なお、「過料」とは、行政罰または秩序罰といわれ、行政法規や各種経済法規などの取締法規により定められた秩序（命令）違反に対して金銭上の制裁を加えるという制度です。

なお、「過料」に処せられた場合でも、会社法上の取締役欠格事由（会331条1項3号・4号）には該当しませんが、コンプライアンスを重視している現状では、株主からの賛成を得られず株主総会で選任を否決される可能性が高まっています。

(2)　違反の効果

違反した取締役または違反者を監督する地位にある取締役（たとえば、登記義務違反の場合は通常は代表取締役）は、100万円以下の過料に処せられます。

(3)　違反類型

次のような場合は、過料に処せられます。

①　会社法に定める登記または公告もしくは通知を怠り、または不正の公告もしくは通知を行ったとき（会976条1号・2号）

②　会社法の規定に違反し、正当な理由がないのに書類（総会議事録、取締役会議事録など）の閲覧、謄写または謄本もしくは抄本の交付を拒んだとき（会976条4号）

③　総会議事録、取締役会議事録、株主名簿等に必要事項を記載（記録）せず、または虚偽の記載（記録）をしたとき（会976条7号）

④　総会議事録、取締役会議事録、株主名簿等の備置義務に違反したとき（会976条8号）

⑤　正当な理由がないのに株主総会で株主が求めた事項について説明をしないとき（会976条9号）

⑥　適法な株主提案権が行使された場合に、その請求事項を株主総会の目的としないとき（会976条19号）

⑦　法律または定款に定める取締役・監査役等の員数を欠くに至った場合においてその選任手続を怠ったとき（会976条22号）

⑧　その他過料に処せられる行為（会976条参照）

第 6 章
取締役とコンプライアンス

> **POINT**
>
> **❶**　コンプライアンスとは、一般的に「法令遵守」と解されているが、さらに広く社会規範・ルール・倫理から逸脱するような行為を生じさせないようにする取組み（事業活動）という意味にも解されている。
>
> **❷**　会社法上、取締役の善管注意義務の具体化として、社内における内部統制システムの構築が求められるようになっている。経営状況を厳しく監視する機関投資家や個人株主も増えてきている。
>
> **❸**　取締役は、少なくとも会社や事業に関連する法令・ルールの基本事項をおさえたうえで、社内のどの部門が、どのように法令・ルールに則った事業活動を行えるよう体制を整え運用しているのかを把握して、企業経営に取り組んでいく必要がある。

第 1 節　金融商品取引法の規制

1　金融商品取引法とは

　金融商品取引法は、企業内容等の開示や有価証券など金融商品の取引業者に関する必要な事項を定め、金融商品の発行・流通・取引の公正さや円滑さを確保して、資本市場の発展と投資者の保護を図ることを目的とした法律です。近年、取引の公正性や透明性、証券市場への信頼を確保するために、不公正取引や開示書類の虚偽記載などについての罰則が強化されています（巻末【資料 8】「金融商品取引法上の罰則一覧」（p.158）参照）。

　とりわけ、取締役としては、①インサイダー取引規制、②自社株売買規制、③企業内容等の開示にかかわる規制等については、十分理解しておくことが重要となります。

2　インサイダー取引規制

⑴　規制の概要

　インサイダー取引とは、上場会社やその子会社に関するインサイダー情報（上場会社の株価に影響を与える可能性のある未公表の情報で、「重要事実」および「公開買付け等事実」として法令に定義されています）に接する立場にある者が、当該情報が公表される前に、その会社の株式その他の有価証券等を売買する行為をいいます。このような取引が行われると、一般の投資家と比べて著しく有利に取引を行え、不公平となり、証券市場の公正性・健全性が損なわれるため、金融商品取引法において禁止されています。

　取締役は、その立場上インサイダー情報に接する機会が多いため、意図的でないにせよインサイダー取引を行ってしまわないよう十分に留意する必要があります。

　また、自社の従業員が職務上知った情報を利用してインサイダー取引を行った場合、その従業員に対して刑罰や行政上の制裁がなされるのはもちろんですが、報道がなされることにより自社の情報管理体制や責任が問われ、自社のレピュテーションが害される事態ともなりえます。したがって、経営者には自社においてインサイダー情報を十分に管理する体制や社内ルールの整備が求められます。

　なお、自社のインサイダー情報でなくとも、他社が公開買付けをされる局面において当該公開買付けが開始されることなどを知りながら、それが未公表の状況で対象となる株式の売買等を行うことも禁止されています。

　また、自社についてのインサイダー情報や他社の株式を含む公開買付け等事実を、利益を得させ、または損失を回避させる目的で第三者に伝達したり、関係する株式の取引を推奨したりする行為も禁止されています。

ア　会社関係者によるインサイダー取引の禁止

　会社の役員や従業員などの会社関係者が、その職務に関し、上場会社等の業務等に関する重要事実を知った場合、その事実の公表後でなければ、当該会社の発行する株式等を売買することはできません。会社関係者から重要事実を受領した者（第一情報受領者）にも同様の規制が課されます。

　ここで、「重要事実」とは、上場会社またはその子会社に関する事実をいい、その詳細（重要性の基準等）は法令に定義されています（金商 166 条 2 項各号）。主なものは以下のとおりです。

　①　決定事実：会社の業務執行決定機関が、新株発行、株式分割、重要な組織再編　　　等法令上具体的に列挙された行為を決定したこと

　②　発生事実：災害による損害や主要株主の異動等、会社の意思とは関係なく発生

した事実

③　決算情報：一定の閾値を超えた決算・配当予想値の修正、予想値と実績の差異等、会社の決算に関する情報

④　バスケット条項：①〜③の個別の事由には該当しないものの投資判断に著しい影響を及ぼす事実

上記のうち、「決定事実」について決定がいつなされたのかということについては、代表取締役や取締役会等の会社法上の機関で決定した場合のみならず、経営会議や常務会等実質的に会社の意思決定を行う者や会議体が決定した場合も含まれることに留意が必要です。

さらに、たとえば資本・業務提携や M&A の場面においては、相手方（またはその親会社）が上場会社であると当該相手方（またはその親会社）の内部情報を得る機会が多くあり、このような状況で上場会社である相手方（またはその親会社）の株式の売買をすることは自社に関する情報でなくとも規制されます。

なお、インサイダー取引規制は、行為が形式的に法令要件を満たすと処罰の対象とされ、①株式その他の有価証券等の売買により実際に利益を得たか否か、②重要事実の利用により利益を得る意図があったか否か、および、③重要事実の入手と利益の獲得に因果関係があったか否かは問題とされません。

　イ　公開買付者等関係者によるインサイダー取引の禁止

公開買付けまたは発行済株式総数の 5％以上にあたる株式の買集めをする者の役員等、公開買付者等関係者が、その職務に関し、公開買付け等の実施に関する事実または中止に関する事実（公開買付け等事実）を知った場合、その事実の公表後でなければ、公開買付対象有価証券等を売買することはできません。公開買付者等関係者によるインサイダー規制についても、前記「ア　会社関係者によるインサイダー取引の禁止」と同様の規制が設けられています（金商 167 条）。

　ウ　会社関係者および公開買付者等関係者によるインサイダー情報の伝達等の禁止

会社関係者および公開買付者等関係者が、他人に対し、利益を得させまたは損失を回避させる目的をもって、未公表の重要事実や公開買付け等事実を伝える行為（情報伝達行為）や、そのようなインサイダー情報を知ったうえで他人に当該上場企業の株券等の取引を推奨する行為（取引推奨行為）も規制されます。これは、公募増資に際して、引受証券会社からの情報漏えいに基づくインサイダー取引などが過去に発生したため規制の対象とされることとなったものです。

⑵　主な刑事罰・行政罰等

・インサイダー取引に係る会社関係者の禁止行為に対する刑事罰（金商 166 条）

①　この禁止行為を行った者に対しては、5 年以下の懲役もしくは 500 万円以下の

罰金またはその併科（金商 197 条の 2 第 13 号・14 号）。

② 　会社関係者および公開買付者等関係者によるインサイダー取引により得た財産
　　は没収（金商 198 条の 2 第 1 項 1 号）。

③ 　法人に対しても、その代表者や従業員等が、その法人の業務や財産に関し違反
　　行為をした場合には 5 億円以下の罰金（金商 207 条。両罰規定）。

・課徴金制度（金商 175 条、175 条の 2）

　インサイダー取引を行った者に対しては、実際に利益を得たか否かにかかわらず、
当該取引を行った者が得ることが可能であったと考えられる利得相当額が課徴金の額
となります。

●参考事例

・インサイダー取引（東京地判平 31・2・27 証券等監視委員会の犯則調査における概要
集 194）

　広告代理店 A 会社の株式について、当該会社執行役員が、公開買付けの実施に関する
事実を知り、同事実の公表前に A 社株式を買い付けるとともに、利益を得させる目的を
もって知人に取引を推奨し、さらに、同事実を伝達し、知人が同事実の公表前に A 社株
式を買い付けた事例。A 社執行役員について懲役 2 年執行猶予 4 年・罰金 200 万円・追
徴金 9,612 万 1,000 円が科された（控訴棄却・上告棄却で確定）。

・インサイダー取引（平 24・8・3 業務改善命令）

　証券取引等監視委員会（SESC）の調査により、N 証券会社が引受主幹事を務めた 3
件の企業の公表前増資情報を特定顧客に漏えいしたとして、N 証券会社に対し行政処分
を行った。

・インサイダー取引（最決平 23・6・6 刑集 65 巻 4 号 385 頁）

　L 社による N 放送株式の議決権数の 5 ％以上の株券等を買い集めることについての決
定をした旨の伝達を受けた後に、M 投資会社が行った取引がインサイダー取引規制違反
に問われた。金融商品取引法 167 条 2 項に定めるインサイダー取引規制上の「決定」の
意味について、決定した事実の「実現可能性」が必要か否かについてが、主要な争点と
なった。最高裁は、実現可能性がまったくあるいはほとんど存在しないような場合は別
としつつ、実現可能性があることが具体的に認められることまでは要しないとの判断を
下した。

3　役員および主要株主による自社株式売買規制（短期売買・空売り規制）

(1)　規制の概要

金融商品取引法は、上場会社等の役員または主要株主（総株主等の議決権の 10 ％以

上を実質的に保有している株主）が一般に当該会社の重要な未公表事実を知りうる立場にあることから、それらを不当に利用してインサイダー取引を行うことを間接的に防止することを目的として、以下の3つの規制を設けています。これらに違反した場合には罰則（罰金）が科せられる場合があります。取締役はインサイダー取引規制だけでなく、保有する株式の売買に関して以下の規制についても十分に留意する必要があります。

ア　売買報告書の提出義務（金商163条）

上場会社等の取締役や監査役等の役員および主要株主は、自社株式等を売買した場合、その売買に関する報告書について売買を委託した金融商品取引業者を経由して、翌月15日までに財務局に提出することが義務づけられています。

イ　短期売買利益返還の請求（金商164条）

上場会社等の取締役や監査役等の役員および主要株主が、当該上場会社等の発行する特定有価証券等の売買について、6カ月以内に売買を行い、利益を得た場合には、上場会社等は、その役員および主要株主に対して、売買によって得た利益を会社に提供するよう請求を行うことができます。なお、株主は利益提供の請求を行うべき旨を上場会社に要求した日から60日以内に当該上場会社等が利益提供の請求を行わなかった場合、代行して、その請求を行うことができます。

ウ　保有有価証券を超えた空売りの禁止（金商165条）

上場会社等の取締役や監査役等の役員および主要株主は、信用取引等を利用することにより、自らが保有している自社株式等の額を超えて売付（空売り）を行うことが禁止されています。

(2)　主な刑事罰・行政罰等

・売買報告書の提出義務（金商163条）、役員等の自社株等の空売り規制（金商165条）の違反行為を行った役員および主要株主は、6月以下の懲役もしくは50万円以下の罰金またはその併科（金商205条19号・20号）。

・短期売買による利益を得た役員および主要株主は、売買によって得た利益を会社に返還（当該会社が請求）（金商164条）。

●参考事例

・主要株主による短期売買利益返還の事例（2015年3月13日公表）
　J社の主要株主である個人Fが、保有有価証券の評価替えを目的として、当日売却した株式を翌営業日に同数量を同価格にて買い戻すという取引をした。当該取引により同人は経済的には売買利益を得ているものではなかったが、財務局からの指摘を受け、金

商法 164 条 1 項に基づく計算では短期売買利益が生じているとして、会社は同人との間で同人から約 6,000 万円の提供を受ける覚書を締結した。

4　企業内容等の開示に関する規制（粉飾決算、虚偽記載）

⑴　規制の概要

　上場会社は、流通市場で取引されている株式等有価証券の投資判断のため、金融商品取引法により事業年度ごとに有価証券報告書を、四半期ごとに四半期報告書を開示することが義務づけられています。また、財政状態や経営成績に著しい影響を与える事象等の発生に際しては臨時報告書の提出が義務づけられています。同様に、各金融商品取引所が定める有価証券上場規程によっても「適時開示」として、事業年度ごとに通期決算短信の開示、四半期ごとに四半期決算短信の開示、および投資判断に影響を及ぼすと考えられる一定の事実が生ずるごとに開示を行うことが義務づけられています。

　金融商品取引法により開示が求められる書類については、事実と異なる記載、重要な事実の不記載および誤解を招く記載（以下、これらを総称して虚偽記載等といいます）をすることが禁止されています。したがって、これらの書類を開示するにあたっては、虚偽記載等がないよう経営者として注意を払う必要があります。

　とりわけ、これらの開示書類の中心をなす財務情報の虚偽記載等は、いわゆる粉飾決算にも発展しかねません。過去の大規模な粉飾決算の事例においては、当該会社の取締役の刑事責任や善管注意義務違反に係る民事責任が問われたり、当該会社においては虚偽記載等を原因とする損害賠償義務を負ったり、課徴金が課されるのみならず、上場廃止に追い込まれたケースも存在します。

　また、財務情報だけでなく、非財務情報の虚偽記載等についても当局による摘発・指摘事例が見られるようになってきました。企業内容等の開示に関する内閣府令の改正により、有価証券報告書等における非財務情報の開示の拡充が求められることとなった一方、拡充された開示内容が上記の虚偽記載等の類型に該当しないよう、より一層の注意が必要となってきています。

⑵　主な刑事罰・行政罰等

・有価証券報告書虚偽記載罪については、10 年以下の懲役もしくは 1,000 万円以下の罰金（企業にも 7 億円以下の罰金）またはその併科（金商 197 条、207 条）。

・会社財産を危うくする罪、虚偽文書行使罪については、5 年以下の懲役もしくは 500 万円以下の罰金またはその併科（会 963 条、964 条 1 項）。

・会計監査人等への贈賄については、3 年以下の懲役もしくは 300 万円以下の罰金（会 967 条 2 項）。

・計算書類等の虚偽記載等については、100 万円以下の過料（会 976 条）。

●参考事例

・有価証券報告書等の虚偽記載（粉飾決算）（平 27・12・25 課徴金納付命令）

　電機メーカーの T 社が一部の工事進行基準適用案件において、工事損失引当金の過少計上および売上の過大計上を行ったほか、映像事業、パソコン事業および半導体事業等の一部において、売上原価の過少計上、費用の過少計上などを行ったとして、金融庁は T 社に対して、合計 73 億 7,350 万円の課徴金納付命令の決定を行った。

・有価証券報告書等の虚偽記載（粉飾決算）（東京地判平 25・7・3）

　精密機器メーカーの O 社が、金融商品の含み損を仮装した M&A（過大な株式取得費用、FA 手数料等の支払い）等で損失補填した事案に対して、東京地裁は、O 社の元社長 A に懲役 3 年執行猶予 5 年、元副社長 B に懲役 2 年 6 月執行猶予 4 年、元監査役 C に懲役 3 年執行猶予 5 年の有罪としたうえ、法人である O 社にも罰金 7 億円を命じた（確定）。

　なお、刑事罰とは別に同社に対して 2012 年 7 月 11 日に約 1 億 7,196 万円の課徴金納付命令が下されていたが、上記罰金額が課徴金納付命令に係る金額を上回ったため、当該課徴金納付命令に係る金額部分は取り消された。

　また、2020 年 10 月 22 日、最高裁は、上記 3 名に対する総額約 594 億円の損害賠償に係る支払いを命じた控訴審判決に対して、上告棄却および上告不受理の決定をした。

・有価証券報告書等の虚偽記載（継続開示）（令 2・2・27 課徴金納付命令）

　N 自動車会社の 2015 年から 2018 年 3 月期に係る有価証券報告書に、N 社取締役の報酬について重要な事項につき虚偽の記載があるとして、また、虚偽の記載の存する 2015 年 3 月期に係る有価証券報告書を参照書類として発行登録追補書類に基づいて社債の募集を行ったとして、金融庁は、合計 24 億 2,489 万 5,000 円の課徴金納付命令の決定を行った。

5　大量保有報告書（5%ルール）

⑴　規制の概要

　上場会社の株券等のうち 5% を超えて保有する者、すなわち大量保有者は、自己の属性、保有割合、保有目的、資金源などを記載した大量保有報告書を大量保有者となった日から 5 営業日以内に開示しなければなりません。また、大量保有者である間、報告書中の重要な事項に変更があった場合（保有割合に 1% 以上の増減があった場

合など）には、変更報告書の開示が必要となります。この規定は、上場会社の株券等の5%を超える保有（共同して株券等を取得しもしくは譲渡しまたは議決権その他の権利を行使することを合意している他の保有者、および親子・兄弟会社等の共同保有者の保有分を合算します）について開示を求めるものであることから、一般に「5%ルール」と呼ばれています。5%ルールの対象となる株式、新株予約証券等有価証券の発行者は、金融商品取引所に上場している法人です。

　これらが規制として設けられているのは、買集め等に伴い株価等の乱高下が生ずることが多く、これらに関する十分な市場情報を有しない一般投資家は適切な投資判断ができなくなるおそれがあり、また、株券等の大量買集めは、経営に対する影響力を示す重要な投資情報ともいえることによります。

　自社の株券等について大量保有報告書や変更報告書が提出された場合、大株主の動向や株主構成に変化が生じて、その後の経営やコーポレート・ガバナンスに影響を及ぼす可能性もあることから、このような動きについては十分に注意しておくことが重要です。

⑵　主な刑事罰・行政罰等

・報告書の不提出については、懲役5年以下もしくは500万円以下の罰金またはその併科（金商197条の2第5号）。

・虚偽の報告書の提出については、懲役5年以下もしくは500万円以下の罰金またはその併科（金商197条の2第6号）。

・訂正報告書の不提出については、懲役1年以下もしくは100万円以下の罰金またはその併科（金商200条12号）。

・上記のほか、行政処分である課徴金納付命令を受けることがあります（金商172条の7、172条の8）。

●参考事例

・著名投資家W氏が率いる米投資会社の子会社が、日本の5大商社株をそれぞれ5%超保有していることが2020年8月31日提出の大量保有報告書により判明。

第2節　独占禁止法の規制

1　独占禁止法とは

　独占禁止法（「私的独占の禁止及び公正取引の確保に関する法律」）は、市場における企業の自由な競争活動を制限するような行為を禁止しています。

　具体的に禁止される行為は、①カルテル・談合（不当な取引制限）、②独占（私的独占）および③再販売価格維持などの不公正な取引方法、です。

　これらの行為を行った場合、公正取引委員会より、違反行為の中止等を命じられたり（排除措置命令）、課徴金の支払いを命じられたりします（課徴金納付命令）。また、場合によっては、行為を行った従業員個人と会社に対して、刑事罰が科せられます。損害を受けた者から損害賠償請求を受けることもあります。

　一方で、公正取引委員会の調査前後に違反行為を自主的に申告したり、当局の捜査に協力したりすることにより、課徴金額を減少させることができる制度（リーニエンシー制度）や、公正取引委員会から通知を受けた事業者が、違反の疑いの理由となった行為を排除するために必要な措置等を記載した確約計画を作成し、公正取引委員会がこの計画を認定した場合に、違反認定は行わずに法的措置を見送る確約手続もあります。

　なお、一見すると独占禁止法が禁止する行為に該当しうるように思われたとしても、競争促進的要素が強い場合など当該行為の目的等によっては、必ずしも独占禁止法違反とならないケースもあり、独占禁止法を順守することは当然としつつも、安易に「独占禁止法違反のおそれがある」として、必要以上に委縮し、正当な事業機会を失うことのないように留意することが肝要です。

＜参考：課徴金が課された場合に支払いを要する金額＞
課徴金は、行為の内容に応じて、次の算式で算出された金額が、違反企業に課されます。
■算出式
　課徴金額＝【違反行為に係る期間中（始期は調査開始日から最長10年前まで遡及）の対象商品または役務の売上額または購入額】×【次の表の算定率】

不当な取引制限	支配型私的独占	排除型私的独占	共同の取引拒絶 差別対価、不当廉売 再販売価格の拘束	優越的地位の濫用
10%(4%)	10%	6%	3%	1%

※（　）内は違反事業者およびそのグループ会社がすべて中小企業の場合
※案件の繰り返しや、役割に応じて、加算されるケースがあります。
※不当な取引制限および支配型私的独占の場合
　「対象商品又は役務の売上額又は購入額」に「密接関連業務の対価の額」を加えた金額に、算定率が掛けられ、さらに、「財産上の利益（談合金等）に相当する額」と合算されます。

2　カルテル（不当な取引制限）

(1)　規制の概要

　企業が、他の企業と共同して、製品価格や生産数量、販売市場等を取り決め、お互いに、競争しないようにすること（カルテル）は、禁止されています。

　たとえば、同種の製品を販売している企業が、お互いに、顧客への製品販売価格を決めて、その価格以下では顧客に販売しないことを約束したり、営業エリアを決めて、お互いの営業エリアを侵害しないようにしたり、入札に際してあらかじめ落札者を決めて、その者が落札できるように入札したりするケースが該当します。

　明示的に取り決めた場合は、当然カルテルとなります。また、明示的に取り決めない、いわゆる「暗黙の了解」であっても、カルテルに該当します。

　なお、競合企業の担当者が、同じ場所に集まったり、定期的に会合を設けたりする行為は、「意思の連絡（合意）」がなされカルテルが行われているのではないかと疑念を持たれる場合があるので、適法な目的が説明できない限り、避ける必要があります。

　万が一、カルテルを行ってしまった場合、公正取引委員会より、違反行為の中止（排除措置命令）と課徴金の支払い（課徴金納付命令）が命じられます。また、よりペナルティーの厳しい刑事事件や国際カルテル事件に発展する可能性もあります。

　なお、課徴金の額については、公正取引委員会へ、違反行為を自主的に申告したり、公正取引員会の捜査に協力したりすることにより、減免を受けることができます（リーニエンシー制度）ので、社内調査等により万が一カルテルを行った事実が判明したときは、リーニエンシー制度の利用を速やかに検討することが重要です。

　具体的な減額率は次の表のとおりです。たとえば、公正取引員会の調査開始前に、公正取引員会へ、カルテルを行った旨を自主的に申請した場合、1番目に申請した企業は、課徴金を全額免除されます。また、2番目に申請した企業も、課徴金を20％免除され、加えて、公正取引委員会の調査に積極的に協力した場合には、追加して、最大40％減額されます（合計で、最大60％の減額）。

	申請順位	申請順位に応じた、課徴金の減免率	当局への協力度合いに応じた減算率
当局による調査開始「前」	1 位	全額免除	—
	2 位	20％免除	＋最大 40％
	3 位～5 位	10％免除	
	6 位以下	5％免除	
当局による調査開始「後」	最大 3 社	10％免除	＋最大 20％
	上記以下	5％免除	

⑵　主な刑事罰・行政罰等

・不当な取引制限（独禁 2 条 6 項、3 条後段）の違反行為が認められた場合には、排除措置命令（独禁 7 条）および課徴金の納付命令（独禁 7 条の 2）。

・実行行為者（個人）は 5 年以下の懲役または 500 万円以下の罰金、法人は 5 億円以下の罰金（独禁 89 条 1 項 1 号、95 条 1 項 1 号）。

・談合罪にあたる場合は、3 年以下の懲役もしくは 250 万円以下の罰金またはこれを併科（刑 96 条の 6 第 2 項）。

●参考事例

・光ファイバーケーブルのカルテル（平 22・5・21 排除措置命令・課徴金納付命令）

　光ファイバーケーブル製品等について、販売金額の下落防止や販売金額の均等化を図るため、競争事業者 9 社が下限価格や見積もり順位を決めていたことが国際カルテルに該当するとされた（合計約 161 億円の課徴金納付命令）。

・ごみ焼却施設の建設工事の入札談合（公正取引委員会審決平 22・11・10）

　地方公共団体が実施したごみ焼却施設等に関する入札に際し、競争事業者 5 社が談合し、あらかじめ決めた受注予定者が受注できるようにしていたことがカルテルに該当するとされた（合計約 270 億円の課徴金納付命令）。

3　独占（私的独占）

⑴　規制の概要

　私的独占とは、「事業者が、単独に、又は他の事業者と結合し、若しくは通謀し、その他いかなる方法をもつてするかを問わず、他の事業者の事業活動を排除し、又は支配することにより、公共の利益に反して、一定の取引分野における競争を実質的に

制限すること」とされています（独禁2条5項）。すなわち、企業が、他の企業の事業活動を制約したり、事業活動を支配したりして、競争しないようにすること（独占）は、禁止されています。

　たとえば、株式を取得したり、合併することにより、競合会社等を支配したり、一定の取引分野における競争を実質的に制限するケースが該当します。

　そのため、独占や寡占を通じて、市場競争が制限される可能性のある株式取得や合併については、事前に公正取引委員会への届出が必要とされています。

　なお、独占禁止法が禁止しているのは、独占的な状態を作り出そうとすることであり、適正な競争の結果としての独占的な状態自体が直ちに禁止されているわけではありません。

(2)　主な刑事罰・行政罰等

- 私的独占（独禁2条5項、3条前段）にあたる場合には、排除措置命令（独禁7条）および課徴金の納付命令（独禁7条の9）。
- 実行行為者（個人）は5年以下の懲役または500万円以下の罰金、法人は5億円以下の罰金（独禁89条1項1号、95条1項1号）。

●参考事例

> ・排除型私的独占（最判平27・4・28裁判所HP）
> 　音楽著作権の管理事業者が放送への利用の許諾につき使用料の徴収方法を定めるなどの行為が、独占禁止法2条5項にいう「排除」の要件である他の事業者の参入を著しく困難にする効果を有するとして、最高裁は、同事業者について排除型私的独占行為があったと認めた。

4　不公正な取引方法

(1)　規制の概要

　カルテルや独占以外の行為であっても、市場での公正な競争を妨げるおそれのある行為については、不公正な取引方法として、禁止されています。

　たとえば、次のような行為は、市場での公正な競争を阻害するおそれのある行為として、禁止されます。

- 他の企業と共同して特定企業との取引を拒絶する（共同ボイコット）
- 商品価格に差を設けたり（差別対価）、廉売したりすることにより競業企業の事業活動を困難にする（不当廉売）

・取引先の顧客に対する商品販売価格を拘束する（再販売価格拘束）

・取引上の優越的な地位を利用して取引先に不利益を与える（優越的地位の濫用）

　なお、下請事業者や物流事業者との取引等、構造的に不公正な取引方法が発生しやすい取引については、下請代金支払遅延等防止法（以下「下請法」といいます）等の特別法により、たとえば、「代金支払期日を 60 日以内にしなければならない」など、公正な競争が確保できるように、特別な法的規制がなされています。

　とくに、下請法は、下請事業者（資本金によって適用が異なりますが、一般的に中小企業が該当します）の利益を保護するための規制として、公正取引委員会および中小企業庁によって、厳格な取締り・適用が行われています。

　不公正な取引方法は、公正な競争を阻害する"おそれ"がある行為を禁止しており、実際に競争を阻害したか否かは問題となりません。そのため、事業活動においては、常に、当該行為が、公正な競争を阻害する"おそれ"がないか、留意しておく必要があります。

⑵　主な刑事罰・行政罰等

・不公正な取引方法（独禁 2 条 9 項、一般指定・特殊指定）にあたる場合、排除措置命令（独禁 7 条）および課徴金納付命令（独禁 20 条の 2〜20 条の 6）。

・下請法違反の場合には、勧告（7 条）に基づく当該行為の原状回復措置（減額分や遅延利息の支払い等）のほか、書面の交付や書類の保存等をしなかったときは 50 万円以下の罰金（10 条、12 条（両罰規定））。

●参考事例

・再販売価格の拘束（令元・7・1 排除措置命令〔①事案〕、同・24 排除措置命令〔②事案〕）
　育児用品販売業者Aが、A社の定める販売価格よりも下回る価格で販売する小売業者に対してA社商品の出荷を停止するなどの行為〔①事案〕に対して、また、育児用品販売業者Cが、自社ブランド商品をC社の定める販売価格で販売させていたこと〔②事案〕に対して、公正取引委員会はA社、C社それぞれに対して、排除措置命令を行った。
・競争者に対する取引妨害（平 23・6・9 排除措置命令）
　SNS 事業を提供するD社が、ソーシャルゲーム提供者に対して、「競争者のウェブサイトにゲームを提供した場合、自社のウェブサイトにゲームを掲載しない」とした行為が、競争者とソーシャルゲーム提供者との間の取引を妨害したとして、公正取引委員会はD社に対して排除措置命令を行った。
・優越的地位の濫用（令 2・2・28 緊急停止命令の申立て）
　通販サイトを運営するR会社が、自社が運営する通販サイトで、一定額以上の注文につき、自動的に「送料無料」と表示する方針を決定した行為が、出品者に優越した通販

> サイトの地位を利用して、出品者に不利益となるように取引条件を変更しており、優越的地位の濫用の疑いがあるとして、公正取引委員会はＲ会社に対して排除措置命令があるまでの間の緊急停止命令の申立てを行った。なお、Ｒ会社が是正措置を講じたことから、公正取引委員会は 2020 年 3 月 10 日に申立てを取り下げている。

第 3 節　労働関係における規制

1　労働法とは

　企業や個人が他者と取引する場合、法律上、当事者は対等の存在として扱われるのが原則です。言い換えれば、法律は一方を保護したり、不利に扱ったりせず、当事者の自由意思に任せる、ということを意味します。

　しかしながら、一定の分野では、当事者の力関係が絶対的にアンバランスであって、自由意思に任せると公正性やバランスが確保されがたいことが歴史的に示されています。このような分野では、法律によって契約の内容や運用を規制し、社会的な弱者を保護しています。

　日本では憲法によって勤労の権利・義務、勤労条件の基準の法定、団結権、団体交渉権、団体行動権の保障が定められ、労働基準法、労働契約法、労働組合法、労働関係調整法、労働安全衛生法などの法律が労働者を保護しています（これらの労働者を保護する法律を一括して「労働法」といいます）。

　労働関係につき問題が発生すると事業活動に多大な影響が生じます。とくに組合がある場合は団体交渉権などの強い権利を労働者側が行使する機会も多くなり、企業側が独断専行で決めるのではなく労働者との対話を通じて決定することがより重要になってきます。

　メンタルヘルスやハラスメントに限らず新型コロナウイルス感染症予防に伴う対応が求められる場面においても、企業運営を適正に維持するには労働者の物理的・心理的な安全性を確保する必要性が生じています。

　裁判にまで発展すると、「会社名＝事件名」として報道されうるためレピュテーションリスクは計り知れません。ステークホルダーとしての従業員への対応は誠実さが求められています。

2　多様な働き方に関する規制

(1)　規制の概要

ア　働き方改革

2018 年 6 月にいわゆる「働き方改革関連法案」が成立し、2019 年 4 月から大企業に対して、2020 年 4 月からは中小企業に対しても適用が開始されています。

働く方々がそれぞれの事情に応じた多様な働き方を選択できる社会を実現する働き方改革を総合的に推進するため、長時間労働の是正、多様で柔軟な働き方の実現（テレワークや副業・兼業といった環境の整備）、雇用形態にかかわらない公正な待遇の確保等のための措置が講じられました。

とくに、生産性を向上しつつ長時間労働をなくすためには、各企業においては、職場の管理職の意識改革・非効率な業務プロセスの見直し・取引慣行の改善（適正な納期設定など）を通じて長時間労働をなくしていくことが求められています。

イ　テレワーク

新型コロナウイルス感染症予防に配慮した働き方としてテレワークを導入する企業が増加しました。テレワークとは、自宅を就業場所とする「在宅勤務」・勤務先以外のオフィススペースなどでの「サテライトオフィス勤務」・移動中やカフェなどでの「モバイル勤務」の総称です。通常勤務とテレワーク勤務において労働時間制度やその他の労働条件が同じである場合は、就業規則を変更しなくても、既存の就業規則のままテレワーク勤務ができます。

しかし、たとえば従業員に通信費用を負担させるなど通常勤務では生じないことがテレワーク勤務に限って生じる場合やフレックスタイム制の導入をする場合には就業規則の変更が必要となると考えられます（労働基準法 15 条、89 条、90 条、106 条）。

テレワーク勤務を導入する場合の留意点としては、①労務管理、②業績（成果）の評価、③コミュニケーション、④ICT 環境・セキュリティの 4 点が挙げられます。テレワーク導入の目的を明確にしたうえで共有し、アンケートや研修実施により社内の合意形成を図り、ルール作りを行うことが求められます。

ウ　副業・兼業

新型コロナウイルス感染症の影響による倒産等や解雇が発生していること、テレワーク導入の増加により時間の融通をつけやすくなったことに伴い、副業・兼業を認める企業が増加しています。裁判例では、労働者が労働時間以外の時間をどのように利用するかは、基本的に労働者の自由であるとされており、原則として副業・兼業を認める方向で検討することが適当であるとされています。厚生労働省が発表している「副業・兼業の促進に関するガイドライン（令和 2 年 9 月改定）」においても「副業・

兼業を禁止、一律許可制にしている企業は、副業・兼業が自社での業務に支障をもたらすものかどうかを今一度精査したうえで、そのような事情がなければ、労働時間以外の時間については、労働者の希望に応じて、原則、副業・兼業を認める方向で検討することが求められる。実際に副業・兼業を進めるに当たっては、労働者と企業の双方が納得感を持って進めることができるよう、企業と労働者との間で十分にコミュニケーションをとることが重要である」とされており、副業・兼業について検討することが求められています。

　企業が副業・兼業を検討するにあたっては、次のような対応が必要となります。
① 　労働者が行う副業・兼業の内容の必要な範囲での確認
② 　労働時間を通算して管理するための方法の整備
③ 　過重労働を防止するための健康管理
なお、副業・兼業に係る相談や自己申告等を行った労働者を不利益に取り扱うことはできません。

　副業・兼業の禁止または制限を設ける場合としては、①労務提供上の支障がある場合、②業務上の秘密が漏えいする場合、③競業により自社の利益が害される場合、④自社の名誉や信用を損なう行為や信頼関係を破壊する行為がある場合などが考えられています。裁判例においては、就業規則において労働者が副業・兼業を行う際に許可等の手続を求め、これへの違反を懲戒事由としている場合において、形式的に就業規則の規定に抵触したとしてもそれだけでは懲戒処分を適法とせずに、職場秩序に影響せず、使用者に対する労務提供に支障を生じせしめない程度・態様かといった観点から具体的な事情を考慮したうえで、懲戒処分の適法性が判断されています。

エ　同一労働同一賃金
　同一労働同一賃金とは、同じ職場で同じ仕事をする正規雇用の従業員と、非正規雇用の従業員との待遇や賃金の不合理な格差をなくすという考え方です。

　2020年4月に改正された、いわゆる「パートタイム・有期雇用労働法」や「労働者派遣法」で企業に義務化されたのは、パートタイム労働者・有期雇用・派遣労働者に対する「説明責任」です。正社員と比べて、不合理な待遇差がないこと、待遇差がある場合は明確な理由を提示することが求められています。

　「パートタイム・有期雇用労働法」では、同一労働同一賃金についての企業側に対する罰則規定はありません。とはいえ、非・正社員の間に不合理な格差があれば、非正規社員から裁判を起こされた場合に企業側が違法とされ損害賠償義務を負うこともありえますので、待遇の点検・見直しはしておかなければなりません。

　同一労働同一賃金で求められる「不合理な待遇差の禁止」(均衡待遇規定)や「差別的取扱いの禁止」(均等待遇規定)については、上記法律および「同一労働同一賃金ガ

イドライン」が具体的に規定しており、それぞれの待遇の性質・目的に照らして、次の 3 つの要素から待遇差がないかを判断します。①職務内容（業務内容＋責任の程度）、②職務内容・配置変更の範囲、③その他の事情（定年後の雇用であること、労働組合等との交渉状況など）。

⑵　主な刑事罰・行政罰等

・法定の労働時間を超えて労働者を労働させた場合や割増賃金を支払わなかった場合、6 カ月以下の懲役または 30 万円以下の罰金（労働基準法 119 条）。

・労働者派遣法に違反して労働者派遣事業を行った（偽装請負、無許可営業など）者は、1 年以下の懲役または 100 万円以下の罰金（労働者派遣法 5 条 1 項、59 条）、6 カ月以下の懲役または 30 万円以下の罰金（同法 49 条、60 条）。また、それ以外の労働者派遣法に違反した場合も罰金（同法 41 条、42 条、61 条など）。

●参考事例

・長時間労働（最判平 12・3・24 裁判所 H P）
　広告代理店 D 社の新入社員 A が慢性的な長時間労働を強いられた結果、うつ病を罹患し、入社約 1 年 5 カ月後に自殺したことから、遺族である両親が約 2 億 2,200 万円の損害賠償請求をし、最高裁は D 社の使用者責任を認め、最終的に約 1 億 6,800 万円で和解した。
・パワーハラスメント（大阪高判平 31・1・31 労判 1210 号 32 頁）
　アミューズメント施設経営の M 会社の従業員が、上司 A からパワーハラスメント行為を受け、うつ病となり、退職を余儀なくされたなどとして、約 1,470 万円の損害賠償請求をし、大阪高裁は、M 社に対し使用者責任を認め、1,116 万円余の支払いを命じた（上告不受理決定を受けて確定）。
・兼業（京都地判平 24・7・13 労判 1058 号 21 頁）
　M 運送会社が、準社員からのアルバイト許可申請を 4 度にわたって不許可にしたことについて、前 2 回については許可基準に抵触し不許可とすることに合理性がある一方で、後 2 回については不許可の理由はないとして、不法行為に基づく損害賠償請求が一部認容（慰謝料のみ）された。
・同一労働同一賃金（最判令 2・10・15 裁判所 H P）
　使用者が、無期契約労働者に対して年末年始勤務手当、年始期間の勤務に対する祝日給および扶養手当を支給する一方で、有期契約労働者に対してこれらを支給しないという労働条件の相違について、最高裁は、それぞれ労働契約法（平成 30 年法律第 71 号による改正前のもの）20 条にいう不合理と認められるものにあたると判断した。

3　安全配慮義務

⑴　規制の概要

ア　労働災害の防止に関する規制

労働安全衛生法では、職場における労働者の安全と健康を確保するとともに、快適な職場環境の形成を促進するため、企業に対していくつかの義務を課しています。

主に、安全衛生管理体制、労働者を危険や健康障害から守るための措置、機械や危険物・有害物に関する規制、労働者に対する安全衛生教育、労働者の健康を保持増進するための措置などです。

また、企業は労働者との雇用契約上の付随義務として労働者の安全・衛生に配慮する義務があります。

最近では、怪我や有害物質による死亡・疾病だけでなく、長時間労働や精神的な負荷による死亡（過労死）や疾病（うつ病）、集中豪雨や地震などの自然災害や感染症による被害なども労働災害に認定されるケースがあります。

イ　労働災害における企業責任

労働者に災害が発生し、それが労働災害と認められた場合は、企業は労働基準法に基づき、一定の補償を支払う責任を負います。これは無過失責任です。現在では労働者災害補償保険法に基づく労災保険から大部分の補償が支払われます。

企業の過失によって、労働災害が発生した場合は、企業は民法に基づき相当因果関係の範囲内で損害を賠償する責任を負うことになり、保険金を超える部分は企業の負担となります。

⑵　主な刑事罰・行政罰等

安全衛生教育を怠った場合（労働安全衛生法 59 条）、禁止物質を製造、輸入、使用等した場合（同法 55 条）、危険な機械装置を許可なく製造した場合（同法 37 条）などには、それぞれ懲役または罰金（同法 116 条、117 条、119 条、120 条など）。

●参考事例

・労働者の健康状況と安全配慮義務（最判平 26・3・24 裁判所ＨＰ・労判 1094 号 22 頁）
　電機機器製造の T 社の従業員がうつ病を発症したことについて、最高裁は、使用者は必ずしも労働者から申告がなくとも、健康にかかわる労働環境等に十分に注意を払うべき安全配慮義務を負っているとしたうえで、労働者にとって、過重な業務が続き、体調の悪化が看取される場合には、労働者からの積極的な申告を期待しがたいことを前提に、必要に応じて業務の軽減等、労働者の心身の健康への配慮に努める必要がある旨判示し

た。差し戻し後の控訴審判決では差し戻し前の高裁判決が認めた賠償額を増額し、会社側に約 6,000 万円の支払いを命じた。

・労働時間と安全配慮義務（京都地判平 22・5・25 裁判所 H P ・労判 1011 号 35 頁）

飲食チェーン運営会社 D の新入社員の急性左心機能不全による死亡について、使用者に、労働者の生命・健康を損なうことがないように体制を構築すべき義務があるとしたうえで、時間外労働として、1 カ月 100 時間を最大 6 カ月間許容する 36 協定を締結し、これを許容していた会社および取締役らにつき、労働者の労働時間に配慮していないとして、安全配慮義務違反を認定し D 社および D 社取締役らに対して約 7,860 万円の支払いを命じた。

第 4 節　消費者保護に関する規制

1　消費者契約法

(1)　規制の概要

　事業者による不適切な動機づけ等により、消費者の意思形成が正当になされないまま契約締結に至り、消費者が不利益を被るケースが増加しています。

　消費者契約法は、消費者と事業者との間には情報の質および量ならびに交渉力の格差がある中で、総合的に消費者被害を防止し救済策を確立することを目的とする法律です。

　次の事項に該当する場合、消費者は、事業者との契約を取り消すことができます。

① 　重要事項について事実と異なる説明があった場合（不実告知）

② 　不確かなことを確実であると説明された場合（断定的判断の提供）

③ 　不利な情報を故意に告げなかった場合（不利益事実の不告知）

④ 　不退去／退去妨害の場合

⑤ 　過大な数量の契約の場合

⑥ 　社会生活上の経験不足の不当な利用の場合（不安をあおる告知、好意の感情の不当な利用）

⑦ 　加齢等による判断力の低下の不当な利用の場合

⑧ 　霊感等による知見を用いた告知の場合

⑨ 　契約締結前に債務の内容を実施等の場合

　ただし、上記のいずれの場合も、消費者が追認できるとき（誤認したことを知ったときまたは困惑状態から脱したとき）から 1 年以内または契約締結から 5 年以内のいず

れか一方の期間が経過するまでに限り、取消しが可能です。

次の事項に該当する条項は、無効です。

① 事業者の損害賠償責任を免除する一定の条項

② 消費者の支払う損害賠償が高額すぎる条項

③ 消費者の利益を信義則に反して一方的に害する条項

④ 消費者の解除権を放棄させる条項

⑤ 消費者の後見等を理由とする解除条項

⑥ 事業者が自らの責任を決める条項

⑵ 主な刑事罰・行政罰等

・適格消費者団体（内閣総理大臣から、消費者全体の利益擁護のための適格性を備える団体として認定を受けた団体）による差止請求（消費者契約法12条）。

・特定適格消費者団体（内閣総理大臣から特定認定を受けた適格消費者団体）による被害回復請求（消費者団体訴訟制度。消費者裁判手続特例法）。

●参考事例

・不実告知（東京高判平30・4・18判時2379号28頁）

　無線データ通信サービスを提供するR社が個人Aに対して「ギガ放題プラン」という契約を締結したが、本契約当時の広告およびR社の販売員の説明が、景品表示法4条1項1号にいう「不当表示」、消費者契約法4条1項1号の不実告知に該当するとして、本件契約を取り消すとともに、既払利用料、慰謝料等の損害賠償を認めた。

・勧誘（最判平29・1・24裁判所HP・判時2332号16頁）

　適格消費者団体Kが、健康食品小売販売会社のSに対して、Sの商品の原料の効用等を記載した新聞折込チラシ配布が消費者契約の締結について勧誘をするに際し不実告知にあたるとして、S社自らまたは第三者に委託するなどして新聞折込チラシに上記の記載をすることの差止めを求め、最高裁は本件チラシが「勧誘」にあたらないということはできないと判示した（結論としては、Sがすでに折込チラシの配布を行っていないため、差止め請求を棄却した原審の判断を是認）。

・不返還条項（大分地判平26・4・14裁判所HP・判時2234号79頁）

　適格消費者団体Oが、学校法人Yが設置・運営している大学受験予備校において、一定期間経過後に在学関係が解除された場合には消費者に校納金を全額返還しないとする不返還条項が定められていることに関し、当該不返還条項のうち解除後の期間に対応する授業料に関する部分は消費者契約法9条1号により無効であると主張して、消費者契約法12条3項に基づき、当該不返還条項を内容とする意思表示等の差止請求に対して、裁判所は請求を全部認容した。

2　欠陥に関する規制（製造物責任法）

⑴　規制の概要

　現代社会においては、製品の使用者（消費者）は大量生産・販売される工業的製品を日常生活の各方面で使用・消費していることから、消費者の日常生活での安全性は、製品を設計・製造する製造業者等に依存する度合いが高まってきています。もし安全性に欠けた製品が市場に出た場合、消費者はその生命・身体等に被害を受けやすくなっています。

　製造物責任法は、製造物の欠陥により人の生命・身体等に被害を与えた者の責任を明らかにして被害者を保護し、これにより国民生活の安定向上と国民経済の健全な発展に寄与することを目的とする法律です。

　製造業者等は、自ら製造、加工、輸入または一定の表示をし、引き渡した製造物の「欠陥」により他人の生命、身体または財産を侵害したときは、過失の有無にかかわらず、これによって生じた損害を賠償する責任を負います。責任主体は製造者に限定されないため、たとえば、製品にブランド名を表示した事業者や、OEM・プライベートブランド製品の販売者も製造業者とみなされることに注意が必要です。

　製造物の「欠陥」とは、製造物が「通常有すべき安全性」を欠いていることをいいます。「欠陥」の有無は、製造物の特性、使用形態、引き渡した時期等を総合的に考慮したうえで判断されることとされており、個々の製品や事案によって、考慮される事情は異なりうることになります。

　事業者としては、どのような顧客が、どのような状況で、どのような方法で自社の製品を使用・利用するのかを想定し、類似する商品が採用している基準や他社事例、過去の事例、求められる技術水準についての情報収集を常に行いながら、商品開発や販売を行う必要があります。

　また、製品の表示や取扱説明書に使用上の注意等を適切かつ明確に記載することや、アフターケアを充実させることにより、製品販売後の被害の発生・拡大の防止に努めることも重要です。

⑵　主な刑事罰・行政罰等

　製造物責任法は、損害賠償責任について、被害者である消費者側の立証負担を軽減する目的で制定されたものであり、刑事罰・行政罰の定めはありません。

　なお、製造物責任法は、人の生命、身体または財産に被害が発生した場合の救済を定めるものであり、故障など製造物自体の損害のみにとどまった場合や、安全性にかかわらない品質上の不具合があった場合等は、原則どおり民法上の損害賠償責任等の対象となります。

●参考事例

・財産被害（東京地判平30・9・19判タ1462号204頁）
　宗教法人Aの建物で発生した火災の発火源がエアコンの室外機であると認定し、裁判所は、製造販売会社Dに対し、製造物責任法3条により、本件火災によって生じた損害を賠償すべき責任を負うとして、家屋の建替費用や家具類等の損害費用の支払いを命じた。

・健康被害（大阪地判平31・3・29裁判所HP）
　「茶のしずく石鹸」と称する薬用洗顔石鹸を使用したXらが、小麦アレルギー等を発症し、重大な健康被害を生じたとして、同石鹸およびその原材料の1つである加水分解コムギ末（商品名「グルパール19S」）の欠陥の存在を主張し、同石鹸の製造販売のY社らに対し、製造物責任法3条に基づき、損害賠償等を請求した。大阪地裁は、本件石鹸およびグルパール19Sにはそれぞれ欠陥を認定し、請求を認容した。

3　不当景品類及び不当表示防止法（景品表示法）

⑴　規制の概要

　不当な表示や過大な景品類の提供が行われると、消費者の選択に悪影響を与え、消費者の利益を損なうことになります。景品表示法は、一般消費者による自主的かつ合理的な選択の確保をするために、不当な表示や過大な景品類の提供を規制することを目的とする法律です。

　景品表示法は、一般懸賞、共同懸賞（複数の事業者による懸賞）、総付景品（懸賞によらず提供される景品）のそれぞれに、景品類の限度額等を定めています。

　景品表示法において、以下の表示は禁止されています。

①　優良誤認表示：商品または役務の品質、規格等もしくは事業者について、実際のものよりも著しく優良であると示し、不当に顧客を誘引するもの
　（例）カシミヤ混用率80％のセーターに「カシミヤ100％」と表示すること

②　有利誤認表示：商品または役務の価格等の取引条件について、実際の取引条件または他社の商品もしくは役務と比較して取引の相手方に著しく有利であると誤認され、不当に顧客を誘引するもの
　（例）実際には申込者全員に同価格で役務を提供するにもかかわらず、一部の当選者のみが割引価格で契約できると表示すること

③　その他誤認されるおそれのある表示：上記①②には該当しないが、一般消費者に誤認され、不当に顧客を誘引するおそれがあると内閣総理大臣が指定する表示
　（例）商品の原産国に関する不当な表示、おとり広告等

　2014 年 6 月の景品表示法改正により、事業者に対し、景品類の提供ならびに商品および役務の内容に係る表示に関する適正な管理体制の整備が義務づけられました。

　なお、2016 年 4 月、優良誤認表示または有利誤認表示を行った事業者に対する課徴金（対象商品・役務の売上額の 3 ％）制度を導入する改正法が施行されました。

⑵　主な刑事罰・行政罰等

・違反事業者に対する措置命令（景表 7 条）

・措置命令違反の場合には、2 年以下の懲役もしくは 300 万円以下の罰金またはその併科（景表 36 条、38 条）

・適格消費者団体による当該行為の差止請求（消費者団体訴訟制度。景表 30 条）。

・課徴金（対象商品・役務の売上額の 3 ％）納付命令（景表 8 条）

●参考事例

・優良誤認（平 29・1・27 措置命令・課徴金納付命令）

　M 自動車会社はカタログ等において、あたかも、国が定める試験方法に基づく燃費性能の数値であるように示す表示をしていたが、実際は国が定める試験方法に基づいたものでなく、本来燃費性能として表示できる上限を超えた数値を表示していたことから、消費者庁は、M 社に対して、消費者への周知徹底や、再発防止策と社内での周知徹底等を求める措置命令を行った。併せて、4 億 8,507 万円の課徴金納付命令を行った。なお、同年 7 月 21 日、自主的報告および返金措置の実施が認められ、課徴金額は 368 万円に減額された。

・有利誤認（平 27・3・20 措置命令）

　通信講座運営をする C 社のウェブサイトにおいて、あたかも、資格取得講座の受講を当該 1 カ月間に申し込んだ場合に限り、正規受講料から 1 万円の値引きをするかのように表示していたところ、実際には、この 4 年以上前から、同様のキャンペーンを実施していたとして、消費者庁は、C 社に対して、消費者への周知徹底や、再発防止策と社内での周知徹底等を求める措置命令を行った。

4　個人情報の保護に関する規制（個人情報保護法）

⑴　規制の概要

　個人情報保護法は、個人情報の有用性に配慮しつつ、個人の権利利益を保護することを目的とする法律です。情報通信技術が発達しパーソナルデータの利活用が進んでいますが、個人情報（生存する個人に関する情報であって、特定の個人を識別できるもの）を容易に検索できるように体系的にデータベース化されたものを事業活動に利用する事業者（個人情報取扱事業者といいます）は、個人情報保護法に基づき、その保有

する個人情報の有用性に配慮しつつ、個人の権利利益を保護しなければなりません。

　個人情報取扱事業者は、個人情報を取り扱うにあたり、その利用目的をできる限り特定しなければならず、原則として、特定された利用目的の達成に必要な範囲を超えた個人情報の取扱いをしてはいけませんし、個人情報データベース等を構成する個人情報（個人データ）の安全管理のために必要かつ適切な措置を講じなければならないとされています。また、本人の同意を得ずに、個人データを第三者に提供することも原則として禁止されています。

　なお、EU に関連する個人情報の取扱いに適用される規制（いわゆる GDPR）については、**本章第 6 節 4「(5)　GDPR」**（p.138）参照。

(2)　主な刑事罰・行政罰等

・個人情報保護委員会による勧告・命令（個人情報保護法 42 条）、当該行為者が命令に違反した場合には、1 年以下の懲役または 100 万円以下の罰金（同法 83 条）。法人は 1 億円以下の罰金（同法 87 条）、虚偽報告の場合にはいずれも 50 万円以下の罰金（同法 85 条）。

・個人情報データベース等の不正提供等をした場合は、行為者は 1 年以下の懲役または 50 万円以下の罰金（同法 84 条）、法人は 1 億円以下の罰金（同法 87 条）。

●参考事例

・個人情報の第三者提供（令元・8・26 勧告等）

　人材支援事業会社 R が、提供する事業において安全管理措置を適切に講じず、個人データを第三者に提供する際に必要な同意を得ずに第三者に提供していたとして、個人情報保護委員会は R 社に対して、個人データを取り扱う際に、適正に個人の権利利益を保護するよう、組織体制を見直し、経営陣をはじめとして全社的に意識改革を行う等、必要な措置をとること等の勧告等を行った。なお、同年 12 月 4 日、当該勧告等の原因となった事項以外にも個人情報保護法に抵触する事実が確認され、改めて勧告を行っている。

・情報漏えい・安全管理措置（東京地判平 30・12・27 判タ 1460 号 209 頁、東京高判令2・3・25 裁判所 HP）

　教育事業運営会社 B のシステム開発・運用を行っていた S 社の業務委託先従業員が、B 社の顧客情報を持ち出し流出させた事件に関し、被害者らが、上記 2 社に対し個人情報の漏えいを理由として損害賠償を請求した。東京地裁は、S 社のみに対して、1 人あたり 3,300 円、計約 150 万円の支払いを命じた。なお、2020 年 3 月 25 日、控訴審の東京高裁は、B 社の責任も認めている（上告）。

5　公益通報者保護法

(1)　規制の概要

公益通報者保護法は、近年、法令に違反する企業不祥事の多くが当該企業の労働者等からの通報をきっかけに明らかにされていることを受け、国民の生命、身体、財産等への被害の防止という公益につながる通報を「公益通報」とし、「公益通報」を行った労働者等に対する解雇の無効やその他の降格、懲戒処分などの不利益取扱いの禁止等を定めることを目的とした法律です。

「公益通報」とは、労働者等がその労務提供先等に「通報対象事実」が生じ、また、生じようとしている旨を、当該労務提供先や処分等をする権限を持つ行政機関、または報道機関等に対して通報することをいいます。ただし、当該労働者等に通報を手段とした金品授受など不正の利益を得る目的や他人に損害を加える目的など不正な目的がある場合は、「公益通報」に該当しません。

「通報対象事実」とは、刑法、食品衛生法、建築基準法、環境関連法、独占禁止法、労働基準法、著作権法など、本法および政令が指定する法律に定める罪の犯罪行為および当該犯罪行為に関連する法令違反の事実などに限られ、たとえば、単なる債務不履行や単なる民事法違反に該当する事実は「通報対象事実」となりません。

労務提供先等への公益通報の場合は「（通報者が公益通報に該当すると）思料する場合」にした通報も保護されますが、権限を持つ行政機関に対する通報の場合は「信ずるに足りる相当の理由がある場合」が保護要件とされています。

なお、社会問題化する事業者の不祥事が後を絶たないため早期是正により被害の防止を図ることが必要との観点から、令和 2 年改正法は、①事業者自ら不正を是正しやすくするとともに、安心して通報を行いやすくする（内部通報に適切に対応するために窓口設定、調査、是正措置等の必要な体制の整備等の義務づけほか）、②行政機関等への通報を行いやすくする、また、③通報者がより保護されやすくする措置等を定めています。

(2)　主な刑事罰・行政罰等

・事業者は、内部通報に適切に対応するために必要な体制の整備等（窓口設定、調査、是正措置等）が義務化され（公益通報者保護法 11 条）、必要に応じて行政措置（報告徴収・助言・指導・勧告および勧告に従わない場合の公表。同法 15 条、16 条）。

・報告徴収にあたって、不報告または虚偽報告の場合は 20 万円以下の過料（同法 22 条）。

・内部調査等に従事する者に対し、通報者を特定させる情報の守秘が義務化され（同法 12 条）、同義務違反に対しては、30 万円以下の罰金（同法 21 条）。

※いずれも令和2年改正法の施行の日から適用されます。

●参考事例

・グループ内部通報（名古屋高判平28・7・20労判1157号63頁）

　電子部品メーカーI社のグループ会社Cの契約社員Xが、同社社員Aによるハラスメント被害に関して精神的苦痛を被ったとして、A、C社のほか、内部通報窓口としての対応が不十分であったI社に対して損害賠償を請求した。名古屋高裁は、I社は、グループ会社の全従業員に対して、直接またはその所属する各グループ会社を通じて相応の措置を講ずべき信義則上の義務を負うとした。なお、上告審において、I社は、Xに対し指揮監督権を行使する立場でもなく、I社の直接間接の指揮監督の下でC社に履行させるものでもないとして、I社の責任を否定した（最判平30・2・15裁判所HP）。

第5節　知的財産権保護に関する規制

1　特許権、著作権などの知的財産権侵害

(1)　規制の概要

　知的財産とは、「発明、考案、植物の新品種、意匠、著作物その他の人間の創造的活動により生み出されるもの（発見又は解明がされた自然の法則又は現象であって、産業上の利用可能性があるものを含む。）、商標、商号その他事業活動に用いられる商品又は役務を表示するもの及び営業秘密その他の事業活動に有用な技術上又は営業上の情報」とされ（知的財産基本法2条1項）、知的財産権とは、「特許権、実用新案権、育成者権、意匠権、著作権、商標権その他の知的財産に関して法令により定められた権利又は法律上保護される利益に係る権利」とされています（同条2項）。たとえば、特許権者に無断で、特許製品を製造・販売等した場合（直接侵害）はもとより、特許権侵害を誘発する可能性が高い所定の行為（間接侵害）も、特許権侵害とみなされます（特許法101条）。また、たとえば、著作権者に無断で著作物を複製、譲渡、貸与、ネット配信等すれば、著作権侵害となり、差止請求（著作権法112条）や損害賠償請求（民709条、著作権法114条）を受けるおそれがあります。なお、著作権者の経済的利益を害すべき所定の行為は、著作権侵害とみなされますので（著作権法113条）、注意が必要です。

(2)　主な刑事罰・行政罰等

・特許権侵害や著作権侵害の場合、10年以下の懲役または1,000万円以下の罰金ま

たはその併科（特許法 196 条、著作権法 119 条 1 項）。

・特許法 101 条により特許権侵害とみなされる行為や著作権法 113 条により著作権侵害とみなされる行為を行った者は、5 年以下の懲役または 500 万円以下の罰金またはその併科（特許法 196 条の 2、著作権法 119 条 2 項 3 号・4 号）。

・特許権侵害や著作権侵害の行為者が属する法人は、両罰規定により 3 億円以下の罰金（特許法 201 条、著作権法 124 条）。

・技術的保護手段（コピープロテクション）の回避を機能とする装置等の製造等を行った場合、3 年以下の懲役または 300 万円以下の罰金またはその併科（著作権法 120 条の 2 第 1 号）。

●参考事例

・特許権侵害（知財高判平 24・3・22 裁判所 HP）

　きれいに切り餅が焼ける切り込み技術に関する特許権を侵害されたとして、E 製菓が、S 食品工業に対し商品の製造差止めや 14 億 8,500 万円の損害賠償等を求めた訴訟で、S 食品工業の製品が E 製菓の特許発明の技術的範囲に含まれるかが争点となったが、裁判所はこれを含まれるとして、商品の製造・譲渡等の禁止と約 8 億円の支払いを命じた（最決平 24・9・19 公刊物未登載の上告棄却により確定）。

・複製・翻案権侵害（知財高判平 28・1・19 裁判所 HP）

　B 社のデータベースについて著作権を侵害したとして、B 社の元社員らが設立した A 社に対し、A 社が制作、販売する旅行業者向けシステムに含まれる業務用データベースの複製・頒布等の差止めや約 9 億 1,000 万円の損害賠償等を求めた訴訟で、裁判所はデータベースに関する著作物性、複製・翻案権侵害を認め、A 社に対し、データベースの複製等の差止め、廃棄等、約 2 億 1,500 万円の損害賠償を命じた（最決平 28・12・15 の上告棄却により確定）。

2　不正競争の防止

⑴　規制の概要

　不正競争とは、不正競争防止法 2 条各号に列挙された行為をいい、周知な商品等表示の混同惹起、著名な商品等表示の冒用、営業秘密の侵害行為等が規定されています。不正競争によって営業上の利益を侵害された者・侵害されるおそれがある者は、その差止め（同法 3 条）や損害賠償（同法 4 条）を請求することができます。また、一定の不正競争には刑事罰が規定されています（同法 21 条）。

　営業秘密の保護に関しては、窃取、詐欺等の不正の手段により営業秘密を取得し、

またはこれを利用し製造された製品の譲渡等をする行為が不正競争として規定されています。不正競争防止法上保護される営業秘密に該当するためには、秘密として管理されていること、有用な技術上または営業上の情報であること、公然と知られていないことの要件（不競2条6項）を満たす必要があります。

　機械稼働データや消費動向データなど、営業秘密の要件には該当しないものの事業として提供される場合に法的保護の必要のある情報として、限定提供データについても、不正アクセスによる取得やデータの保有者を害する目的での行為等が不正競争として規定されています（不競2条1項11～16号）。不正競争防止法上保護される限定提供データに該当するためには、取引関係のもと、反復継続してデータの提供をしていること、情報量が相当量蓄積されていること、電磁的なアクセス制限がされていること、秘密として管理されていない技術上または営業上の情報であることの要件（同条7項）を満たす必要があります。

⑵　主な刑事罰・行政罰等

・営業秘密侵害罪（不競21条1項・3項・4項）

　営業秘密の侵害行為を行った者に対して、10年以下の懲役または2,000万円（営業秘密の国外流出による重罰化（海外重課）は3,000万円）以下の罰金またはその併科。なお、これらの未遂行為や不正に開示された営業秘密であることを知って、その営業秘密を取得した転得者の不正開示・使用についても処罰の対象になります。

・上記以外の侵害罪（混同惹起行為、誤認惹起行為、著名表示冒用行為、秘密保持命令に違反する行為等）（不競21条2項）

　標記各種の侵害行為を行った者に対して、5年以下の懲役もしくは500万円以下の罰金またはその併科。

・任意的没収（不競21条10項・12項）

　営業秘密侵害により生じもしくはこれにより得た財産や、その報酬として得た財産、これらの財産の対価として得た財産等を任意的に没収する制度で、これらの財産を没収することができないとき、または没収することが相当でないと認められるときは、その価額を犯人から追徴することができます。

・法人処罰（不競22条1項）

　一部の不正競争防止法違反行為については、行為者の所属している法人に対しても、営業秘密侵害罪の場合には5億円（海外重課は10億円）以下の罰金、その他の侵害罪については3億円以下の罰金。

●参考事例

・営業秘密の競業他社への流出（東京地判平 27・3・9 判時 2276 号 143 頁）

　電機メーカーT の技術者が、同メーカーで営業秘密として保管されていたフラッシュメモリーの研究データをコピーし、転職先である韓国企業に流出させた行為につき、懲役 5 年および罰金 300 万円の有罪判決が下された。

・不正の利益を得る目的（最判平 30・12・3 裁判所 HP・刑集 72 巻 6 号 569 頁）

　自動車メーカーN の元社員が、同業他社へ転職する直前に私物のハードディスクに営業秘密であるデータファイルを複製した行為につき、懲役 1 年（執行猶予 3 年）の有罪判決が下された。

第 6 節　その他の規制

1　環境保全に関する規制

(1)　規制の概要

　1993 年に日本の環境問題に対する基本的指針や規制の考え方などを明確化する環境基本法が制定されました。また、個別の規制として、大気汚染防止法、水質汚濁防止法、土壌汚染対策法、騒音規制法、工業用水法などが制定されています。その他、諸外国との協定等を踏まえ、近年は、温室効果ガスの排出抑制等に関する地球温暖化対策推進法や気候変動適応法が制定されています。

　さらに、廃棄物処理・資源再生に関連して、いわゆる廃掃法や資源有効利用促進法、容器包装リサイクル法、家電リサイクル法、建設リサイクル法、食品リサイクル法、自動車リサイクル法などがあり、国等による環境物品等の調達の推進等に関する法律（グリーン購入法）、ポリ塩化ビフェニル廃棄物の適正な処理の推進に関する特別措置法（PCB 特別措置法）などの法律もあります。

　環境保全に関する問題は、従来から企業の社会的責任の 1 つであると位置づけられています。とくに今後は、気候変動問題をはじめとした地球環境への対応、資源循環体制の強化などの国際的な潮流の中で、企業がどのように関与していくかが重要となります。

(2)　主な刑事罰・行政罰等

　上記に掲げた各法令でそれぞれ個別に罰則が規定されていますが、おおむね懲役もしくは罰金または併科となります。環境白書によれば、いわゆる環境犯罪の法令別検挙事件数では、年間 6,000 件程度あるうち、その 9 割が、産業廃棄物不法投棄事犯で

す（不法投棄者は、5 年以下の懲役、もしくは 1,000 万円以下の罰金またはその併科、法人による不法投棄は、3 億円以下の罰金。廃掃法 25 条、32 条）。

●参考事例

・産業廃棄物の該当性（東京高判平 20・4・24 判タ 1294 号 307 頁）
　建物解体業者 X が、解体現場で生じた廃材を選別した木くずを再生利用業者 A に対して無償で処分を委託した事案で、裁判所は「再生目的のための物であって、『廃棄物』には当たらないとされるためには、少なくとも、廃棄物処理法が廃棄物の処理業を許可制にしている趣旨、すなわち、運搬、搬出、処分という一連の過程の中で、当該物がぞんざいに扱われて不法に投棄・処分される虞がなく、適切に処理される態勢が客観的に見ても確立している状況があること」が必要であるとして、本件木くずはその状況に該当しないと判断した（X および X の代表者に対して罰金刑）。

2　政治資金に関する規制

⑴　規制の概要
　政治資金規正法（政資法）は、政治団体（政党、政治資金団体など）の届出を義務づけ、政治団体に係る政治資金の収支を公開することにより、政治資金の収支の状況を国民の前に明らかにするとともに、政治団体および公職の候補者の政治活動に関する寄附を制限することによって、政治活動の公明と公正を確保することを目的としています。

　ア　寄附の制限
　政資法では、会社、労働組合等の団体は、政党（政党の支部を含みます）および政治資金団体以外の者に対して、政治活動に関する寄附（党費や会費等を含みます）をしてはならないとされています（政資法 21 条）。
　また、寄附に関しては限度額が定められており（寄附の量的制限）、寄附者の種類（個人、会社等）や規模（会社の場合、資本金の額）に応じた総額の限度額を設けています（政資法 21 条の 3 等）。
　寄附の量的制限のほかに、寄附者の状況に応じた制限が定められており（寄附の質的制限）、国等から補助金等の交付を受けている会社等、赤字会社、外国法人等（主たる構成員が外国人もしくは外国法人である団体を含む）、他人名義および匿名による寄附が禁止されています（政資法 22 条の 3〜22 条の 6）。

　イ　政治資金パーティーの規制
　政治資金パーティーとは、対価を徴収して行われる催物で、当該催物の対価に係る

収入の金額から当該催物に要する経費の金額を差し引いた残額を、当該催物を開催した者またはその者以外の者の政治活動に関し支出することとされているもので（政資法8条の2）、参加者は1つの政治資金パーティーにつき、150万円を超えて対価の支払いをしてはならないとされています（政資法22条の8）。

(2)　主な刑事罰・行政罰等

・団体の犯罪の場合は、違反行為者であるその役職員や構成員のみならず団体自体にも罰則が科されます（両罰規定。政資法28条の3）。

・寄附の量的制限違反は、1年以下の禁錮もしくは50万円以下の罰金（政資法26条等）、寄附の質的制限違反は、3年以下の禁錮もしくは50万円以下の罰金またはその併科（同26条の2等）。

・政資法違反の罪を犯した者は、一定期間公民権（選挙権および被選挙権）が停止（政資法26条〜28条の3）。

●参考事例

・偽装献金（東京地判平26・9・25資料版商事法務369号72頁）

　N建設会社が隠れみのとして設立した政治団体が政治献金等を行った事件における株主代表訴訟において、東京地裁は、関係役員のうち4名について善管注意義務違反を認めて、計約6億7,200万円の支払いを命じた（なお、本件は控訴審で和解が成立した。また、N建設会社の幹部と国会議員秘書など計5人のうち4人が執行猶予つきの禁錮刑、1人が略式手続による罰金刑となった）。

3　贈収賄規制

(1)　規制の概要

ア　本邦公務員に対する贈賄の禁止

公務員は国民全体の奉仕者として、職務の公正およびそれに対する国民の信頼を確保する責任がありますが、公務員に対してその職務を行うまたは行わないようにするために、財産上の利益を供し、またはその申込みあるいは約束をする行為は、刑法上の贈賄罪として処罰されます（刑198条）。

なお、国家公務員や地方公務員だけでなく、特別法により設立された特殊法人や一定の独立行政法人等の役職員についても、それぞれの特別法により公務員とみなされたり（いわゆる「みなし公務員」）、公務員と同じ贈収賄罪が規定されたりしている場合（たとえば、NTT、JT、日本政策投資銀行、NEXCO各社、非上場JR各社等）があり、これらの役職員に対する贈賄行為についても贈賄罪として処罰の対象となりますの

で、注意が必要です。

イ　外国公務員に対する贈賄の禁止

不正競争防止法では、外国公務員等に対し、国際的な商取引に関して営業上の不正の利益を得るために、その外国公務員等に、その職務に関する行為をさせもしくはさせないこと、またはその地位を利用して他の外国公務員等にその職務に関する行為をさせもしくはさせないようにあっせんをさせることを目的として、金銭その他の利益を供与し、またはその申込みもしくは約束をしてはならない、と規定しています（不競18条）。

日本国内で外国公務員（大使館職員など）へ賄賂を贈った場合はもちろん、海外の仕事先で現地の公務員に賄賂を贈った場合も、この法律により罰せられる可能性があります。

なお、外国公務員に対する贈収賄規制については、**本節4「⑷　贈収賄規制」**（p.138）参照。

ウ　非公務員に対する贈賄の禁止

公務員のみならず、民間企業の役職員に対する贈賄行為も処罰の対象となる場合があります。たとえば、株式会社の役員や部課長等ある種類または特定の事項の委任を受けた使用人などに不正な頼みごとをして金品その他の利益供与を行うことや、同役職員によるかかる利益の収受は、会社法において刑事罰の対象になっています（会967条）。

⑵　主な刑事罰・行政罰等

・日本の公務員への贈賄罪については、3年以下の懲役または250万円以下の罰金（刑198条）。

・外国公務員等に対する不正の利益供与については、5年以下の懲役または500万円以下の罰金、法人に対しても3億円以下の罰金（不競21条、22条）。

・取締役、監査役、執行役等への贈収賄については、贈賄側に3年以下の懲役または300万円以下の罰金、収賄側に5年以下の懲役または500万円以下の罰金（会967条）。

●参考事例

・外国公務員等に対する利益供与（東京高判令2・7・21裁判所HP）

電機メーカーH社が、タイの発電所建設事業に関して、現地公務員に対し、1,100万バーツ（約3,900万円相当）の賄賂を支払った事案において、東京高裁は、同事業担当の元取締役に対して、本件事案に積極的本犯の犯行を推進したわけではなく、毅然と制

止しなかったにとどまるとして、懲役 1 年 6 月（執行猶予 3 年）の原審判決を変更して、罰金 250 万円とした（元取締役は、最高裁上告中。なお、**本節「5　刑事訴訟法における合意制度（いわゆる日本版司法取引）」**（p.139）参照）。

・外国公務員等に対する利益供与（東京地判平 27・2・4 公刊物未登載）

　建設コンサルタント会社 A の前社長・常務を含む 3 名がインドネシア・ベトナム・ウズベキスタンでの鉄道事業関係者である現地公務員に、賄賂を支払ったとして不正競争防止法違反に問われ、東京地裁は、A 社に対して 9,000 万円の罰金、3 名の個人に対して懲役 2 年〜3 年（執行猶予 3 年〜4 年）の有罪判決を言い渡した。

4　国際取引にかかわる規制

⑴　環境保全に関する規制

　欧州連合（EU）においては、電子・電気機器への特定有害物質の使用を禁止する RoHS 指令に続き、新たな化学品規制（REACH 規則）が 2007 年に発効しており、化学品を製造および販売する事業者は、REACH 規則に対応した手続を行わなければ当該製品を EU 域内に供給することができません。

⑵　安全保障貿易管理に関する規制

　わが国では、日本の安全保障と国際的な平和・安全の維持を目的として、大量破壊兵器や通常兵器の開発・製造等に関連する特定の貨物の輸出やこれらに関連する技術の外国企業等への提供について、外国為替及び外国貿易法（外為法）による管理が行われています。武器や大量破壊兵器、ロケットやミサイル等に用いられる可能性があるなど、軍事転用に可能な製品や技術を開発・製造・提供している企業においては、その製品や技術を海外（非居住者）に持ち出し提供するに際しては、同法に基づく安全保障貿易管理が必要となります。

⑶　税務に関するリスク（移転価格税制）

　海外子会社を持つ企業グループでは、企業グループ全体としての税負担の最小化を図ることを目的として、たとえば、税率の低い国にある海外子会社に利益が残るように親子会社間の取引（資産の売買、役務の提供、無形資産の実施供与など）の価格（"移転価格"）を操作する可能性があります。このような操作への対抗措置として、海外関連会社との取引において独立した第三者との取引で通常設定する価格（"独立企業間価格"）でない恣意的な価格設定をすると、移転価格税制により、税務当局が独立企業間価格で取引がなされたとみなして課税所得を計算し、納税額の更正や追徴を行うことがあります。

⑷　贈収賄規制

　外国公務員に対する贈賄行為については、当該国における刑法典の贈収賄規制に違反し、厳しく罰せられる可能性が高いことはもちろんですが（たとえば、中国の刑法では公務員に対する贈賄罪の最高刑は無期懲役）、それ以外にも米国の Foreign Corrupt Practices Act（FCPA）や、英国の Bribery Act が適用となる場合があります。たとえば、FCPA は、米国民および米国企業のみならず、米国の E-mail サーバーや、米国の銀行決済システムを経由する等の、何らかの形で米国が関連する贈賄を行った者にも適用されるなど適用範囲が広いので、とくに注意が必要です。

　非公務員への贈賄行為については、諸外国でも、たとえば、英国では、Bribery Act により利益供与の相手方について公務員と非公務員を区別せず違法とされています。また、中国では、民間企業またはその役職員に対して、金品その他の利益の供与等の手段を用いることにより、不当に取引機会その他の経済的利益を得ることは、商業賄賂行為として、贈賄側・収賄側それぞれが、中国刑法による刑事罰のほか、中国不正競争防止法による行政罰の対象となります。

⑸　GDPR

　2018 年 5 月 25 日から EU 一般データ保護規則（GDPR）の適用が開始されました。GDPR は、①個人データ保護に重きを置いた世界的に見ても厳格なルールを定めていること、② EEA（欧州経済領域）内で取得した個人データの域外移転を原則禁止していること、③違反に対して高額な制裁金を定めている（違反の種類に応じ① 1,000 万ユーロ以下、または前会計年度の全世界売上高の 2％以下のいずれか高額の方の金額、あるいは② 2,000 万ユーロ以下、または前会計年度の全世界売上高の 4％以下のいずれか高額な方の金額）こと、④広範な域外適用ルールを定めていること等を特徴とします。EEA 内における拠点がない場合でも、域内に所在するデータ主体に対する商品または役務の提供や域内で行われるデータ主体のモニタリングといった個人データ処理をする場合には適用されうるので注意が必要です。

⑹　人権侵害防止に関する規制

　国連にて採択された「ビジネスと人権に関する指導原則」により企業の人権を尊重する責任が明示されたことを受け、サプライチェーンにおける人権侵害防止の取組みについて開示を義務づける法制が各国・地域で定められています。たとえば、米国カリフォルニア州サプライチェーン透明法、EU 非財務情報開示指令、英国現代奴隷法、フランス人権デューデリジェンス法、EU 紛争鉱物規則、オーストラリア現代奴隷法などが制定されています。これらの開示規制に違反した場合は、各国裁判所から執行命令を受けるリスクのほか、一定の場合には損害賠償請求もなされうるため、注意する必要があります。

5　刑事訴訟法における合意制度（いわゆる日本版司法取引）

⑴　制度の概要

　合意制度とは、特定の財政・経済犯罪等を対象として、検察官、被疑者・被告人とその弁護人の同意がある場合に、被疑者・被告人が、他人の刑事事件について、供述したり、証拠物などを提出したりするなどの協力行為をすることと引き換えに、検察官が、当該被疑者・被告人に対して、不起訴処分や軽い罪で起訴したり、軽い求刑をしたりするなどの有利な取扱いをすることを合意するものです（刑訴 350 条の 2 等）。

　組織的な犯罪において、犯罪の実行者など組織内部の者からの供述等を得て、首謀者の関与状況等を含めた全容を解明する目的で、2018 年 6 月から施行されました。

　対象犯罪は、特定の刑法犯罪のほか独占禁止法、金融商品取引法、不正競争防止法、租税関係法令の罪等です。企業犯罪につながる犯罪も含まれており、実行者である財務・経理部担当者の供述を得て、役員等の関与の解明に用いることも想定されます。

⑵　主な刑事罰・行政罰等

　被疑者・被告人が虚偽供述をした等合意に反した場合、検察官は、合意から離脱し、当該被疑者・被告人につき、起訴等が可能となり、加えて虚偽供述等に関しては 5 年以下の懲役となります（刑訴 350 条の 15 第 1 項等）。

●参考事例

・外国公務員等に対する不正の利益供与（東京高判令 2・7・21 裁判所 HP）

　電機メーカー H 社が、タイの発電所建設事業に関して、現地公務員に対し、1,100 万バーツ（約 3,900 万円相当）の賄賂を支払ったとして、本邦不正競争防止法の罪に問われたが、本合意制度に基づき犯罪解明に全面協力した。東京高裁は、同事業担当の元取締役に対して、本件事案に積極的本犯の犯行を推進したわけではなく、毅然と制止しなかったにとどまるとして、罰金 250 万円とした（なお、**本節「3　贈収賄規制」**（p.135）参照）。本合意制度に基づき犯罪解明に全面協力した H 社は不起訴となった。

資料編

【資料1】　　株式会社の種類と機関設計

〈株式会社の機関設計の選択肢〉
＊いずれの機関設計であっても株主総会・取締役は必置（295・296・326①）

Ⅰ　公開会社・大会社

①	取締役会 （327①）※	監査役会 （328①）	会計監査人 （328①②、327⑤）
②		監査等委員会	
③		指名委員会等	

※上場会社は、監査役会、監査等委員会または指名委員会等のいずれかを設置しなければならない（東証上場
　規程437①（2））。

Ⅱ　公開会社・非大会社

④	取締役会 （327①）※	監査役 （327②③）	会計監査人 （328①②、327⑤）
⑤		監査役会 （328①）	
⑥		監査等委員会	
⑦		指名委員会等	

上記①～③の機関設計も可
※上場会社は、監査役会、監査等委員会または指名委員会等のいずれかを設置しなければならない（東証上場
　規程437①（2））。

Ⅲ　非公開会社・大会社

⑧	取締役	監査役 （327②③）	会計監査人 （328①②、327⑤）
⑨	取締役会 （327①）	監査役会 （328①）	
⑩		監査等委員会	
⑪		指名委員会等	

上記①～③の機関設計も可

Ⅳ　非公開会社・非大会社

⑫		取締役	
⑬	取締役	監査役（会計監査限定）（389①）	
⑭		監査役（327②③）	
⑮	取締役会 （327①）	会計参与 （327②但書）	
⑯		監査役（会計監査限定）（389①）	

上記①～⑪の機関設計も可

（田中亘『会社法［第3版］』（東京大学出版会・2021）150頁（図表4-3）を参考に作成）

資料

1

〈ガバナンス体制図〉

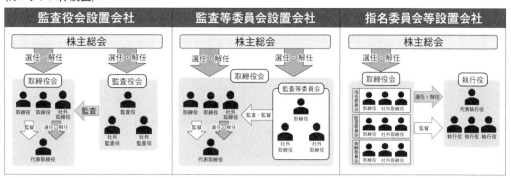

〈取締役会関係〉

	監査役会設置会社	監査等委員会設置会社	指名委員会等設置会社
役割・機能	・重要な業務執行の決定 ・取締役の職務執行の監督 ・取締役候補者を決議 ・代表取締役・業務執行取締役の選定・解職	・重要な業務執行の決定 ・取締役の職務執行の監督 ・取締役候補者を決議（監査等委員会で意見可） ・代表取締役・業務執行取締役の選定・解職	・重要な業務執行の決定 ・執行役の職務執行の監督 ・執行役の選任・解任 （・指名委員会が取締役候補者を決議）
重要な業務執行の決定の委任	・代表取締役や業務執行取締役に委任できない ・取締役会の決議により、①重要な財産の処分および譲受、②多額の借財については、特別取締役に委任可能（取締役会の構成により制限あり）	・取締役の過半数が社外の場合、または定款の定めがある場合、一部の事項を除き広く取締役に委任が可能	・一部の事項を除き、広く執行役に委任可能
取締役の任期	・2年（定款または株主総会の決議により短縮可能。非公開会社は定款により10年まで伸長可能）	・監査等委員の取締役は2年（ただし短縮および伸長はいずれも不可） ・監査等委員以外の取締役は1年（任期の短縮は可能。ただし伸長は不可）	・1年（任期の短縮は可能。だだし伸長は不可）
社外取締役	・上場会社等（監査役会設置会社（公開会社かつ大会社）で有価証券報告書提出会社でない会社を除く）は1人以上の社外取締役選任を義務づけ	・監査等委員である取締役は3人以上で、その過半数は社外取締役でなければならない	・各委員会は3人以上の取締役で構成され、その過半数は社外取締役でなければならない
報酬の決定	・定款または株主総会の決議で決定	・定款または株主総会の決議で決定 ・監査等委員である取締役とそれ以外の取締役の報酬は区別して定めなければならない ・監査委員等である取締役は株主総会で、監査等委員である取締役の報酬等について意見を述べることができる	・報酬委員会が決定

〈監査関係〉

	監査役会設置会社	監査等委員会設置会社	指名委員会等設置会社
監査主体	・監査役（会）	・監査等委員会（各監査等委員にも一定の権限）	・監査委員会（各監査委員にも一定の権限）
役割・機能	・取締役会の外に置かれた、取締役会から独立した機関である ・監査役は独任制の機関であり、各自が単独でその権限を行使できる	・適法性のみならず妥当性や効率性も監査の対象 ・内部統制部門を通じて監査を行うことを予定 ・監査等委員でない取締役の選任・解任・辞任・報酬について総会での意見陳述権あり	・適法性のみならず妥当性や効率性も監査の対象 ・内部統制部門を通じて監査を行うことを予定
選解任	・監査役として 選任：株主総会普通決議 解任：株主総会特別決議	・監査等委員である取締役として 選任：株主総会普通決議 解任：株主総会特別決議 ※他の取締役とは区別して選任	・取締役として 選任：株主総会普通決議 解任：株主総会普通決議 ・監査委員として 選定：取締役会決議 解職：取締役会決議
任期	・4年（定款による短縮不可） ※非公開会社の場合、定款により10年まで伸長可	・2年（定款による短縮不可）	・1年
常勤者	・監査役会設置会社の場合、必要	・不要	・不要
社外監査役社外取締役	・監査役会設置会社の場合、監査役は3人以上で、かつそのその半数以上は社外監査役でなければならない	・監査等委員である取締役は3人以上で、その過半数は社外取締役でなければならない	・監査委員会は3人以上の取締役で構成され、その過半数は社外取締役でなければならない
報酬の決定	・定款または株主総会の決議で取締役の報酬とは別枠で決定	・定款または株主総会の決議で他の取締役の報酬とは別枠で決定	・報酬委員会が他の取締役の報酬と同様に決定

【資料2】　　　株式会社の形態・規模別相違点

＜取締役・取締役会・代表取締役＞

	条項	公開会社	非公開会社
取締役の資格	331②	定款の定めによっても、取締役の資格を株主に限定できない	定款の定めにより、取締役の資格を株主に限定できる
取締役の員数	331⑤	（取締役会必置であるため）3人以上なお、監査役会設置会社（公開会社かつ大会社）で有価証券報告書提出会社では社外取締役を必置（327の2）	（取締役会設置会社でない場合）1人以上
取締役の任期	332①	2年（定款または株主総会決議により短縮できる）ただし、監査等委員会設置会社の監査等委員でない取締役および指名委員会等設置会社の取締役は1年（332③・⑥）	2年（定款または株主総会決議により短縮できる）監査等委員会設置会社および指名委員会等設置会社以外の会社では、定款の定めにより10年まで延長できる（332②）
取締役会	327①	必置	設置は任意
監査役・監査役会		必置（ 上場会社 監査役会、監査等委員会または指名委員会等のいずれかを必置（437））	設置は任意
内部統制システムの基本方針	362④6・⑤、399の13①1ハ・②、416①Ⅰホ・②	大会社である取締役会設置会社、監査等委員会設置会社または指名委員会等設置会社の場合、取締役会による内部統制システムの構築の基本方針を決定義務あり	
特別取締役制度	373①・②	取締役会設置会社（指名委員会等設置会社を除く）であって、取締役の数が6人以上で、うち1人以上が社外取締役である会社の場合、取締役会は、重要な財産の処分および譲受ならびに多額の借財の決議については、あらかじめ選定した3人以上の取締役のうち議決に参加することができるものの過半数が出席し、その過半数をもって行うことができる	
代表取締役	349、362③	指名委員会等設置会社を除く取締役会設置会社の場合は、取締役会で選定する。取締役会設置会社でない場合は、原則として各取締役が会社の業務執行権、代表権を有するが、定款の定めまたは株主総会決議により一部の取締役を代表取締役とすること、定款の定めにより取締役の互選により代表取締役を定めることができる	
執行役	402、420①	指名委員会等設置会社には1人または2人以上の執行役を置かなければならない執行役は取締役会の決議によって選任する取締役会は執行役の中から代表執行役を選定しなければならない	
独立役員		（ 上場会社 上場会社は、社外取締役または社外監査役の中から一般株主と利益相反が生じるおそれのない者を独立役員として1人以上確保しなければならない（436の2）。また、取締役である独立役員を1人以上確保するよう努めなければならない（445の4））	―

資料 ❷

＜株式関係＞

	条項	公開会社	非公開会社
議決権制限株式の発行限度	115	議決権制限株式の総数は発行済株式総数の2分の1を超えてはならない	制限なし
種類株式（役員選任権）	108①9	種類株主総会で取締役・監査役を選任することができる種類株式は発行できない	指名委員会等設置会社を除き、種類株主総会で取締役・監査役を選任することができる種類株式を発行できる
新株発行事項の決定機関	199②・③、201①、309③	定款に定めがない限り、とくに有利な払込金額または条件による場合を除き、取締役会決議となる	第三者割当の場合、株主総会の特別決議となる 株主割当については、原則として株主総会の決議によるが、定款に定めがある場合は、取締役（会）とすることができる
書面投票制度	298①3・②	当該株主総会において議決権を行使できる株主が1,000人以上いる場合には書面投票を実施しなければならない（**上場会社** 書面投票実施が義務づけ（435））	―
委任状勧誘規則	298②但書会規64	（**上場会社** 株主総会の招集者が、株主全員に対して、金融商品取引法の規定に基づき株主総会の通知に際して委任状の用紙を交付することにより、議決権の行使を第三者に代理させることを勧誘している場合には書面投票実施義務は適用されない（435））	―

（**上場会社**）・・・東証上場規程に規定されている主な内容

＜計算関係＞

	条項	公開会社	非公開会社
計算書類	439 計規126①、135	取締役会設置会社で、かつ会計監査人設置会社の場合において、監査役（会）または監査委員会および会計監査人の適正意見があるときは、取締役会の承認および株主総会への報告のみで足りる	
剰余金の配当決定機関	453、454、459①・⑤	株主総会の決議によって、剰余金の配当をいつでも決定できる。なお、取締役会、会計監査人および監査役会を設置し、かつ取締役の任期が1年の会社または指名委員会等設置会社もしくは監査等委員会設置会社であって、剰余金の配当等を取締役会の決議をもって決定することができる旨を定款に定めた場合で、最終事業年度に係る計算書類につき監査役会または監査委員会および会計監査人の適正意見があるときは、取締役会決議により剰余金の配当を決定できる	
資本の部の計数の変動	449、452、459	株主総会の決議によって、資本の部の計数を変動させることができる。なお、上記剰余金の配当等を取締役会の決議をもって決定することができる旨を定款に定めた場合で、一定の剰余金の処分、準備金減少で債権者保護手続を要しないとされているものを、取締役会決議により決定できる旨の定款の定めがあるときには、取締役会決議によりこれらを行うことができる	

【資料3】　株主総会の決議事項の定足数と議決要件

	条項	定足数	可決要件		主な決議事項
普通決議	309①	議決権を行使できる株主の議決権の過半数を有する株主の出席 ※定足数要件は、定款によって加重することも軽減することも可能（定足数要件を定款で外している会社が多い）	出席株主の議決権の過半数の賛成	1	会計監査人の選任（329①）・解任（339①）・不再任（338②）
				2	役員の報酬等（361①、379①、387①）
				3	剰余金の配当（454①）
				4	合意による自己株式の取得（156①）
				5	定時株主総会において欠損の額を超えない範囲で決定する資本金の額の減少（447①、309②九）
				6	準備金の額の減少（448①）
				7	剰余金の額の減少による資本金・資本準備金の増加（450②、451②）
				8	剰余金についてのその他の処分（452）
				9	取締役会非設置会社における取締役の競業取引等の承認（356①、365①）
普通決議の特則	341	議決権を行使できる株主の議決権の過半数を有する株主の出席 ※定足数要件は、定款によって加重または3分の1までの軽減が可能	出席株主の議決権の過半数の賛成	1	取締役・会計参与・監査役の選任（329）
				2	取締役（累積投票により選任された者を除く）・会計参与の解任（339①、342⑥）
特別決議	309②	議決権を行使できる株主の議決権の過半数を有する株主の出席 ※定足数要件は、定款によって加重または3分の1までの軽減が可能	出席株主の議決権の3分の2以上の賛成 ※決議数は定款によって加重のみ可能　定款によって頭数要件を設置することも可能	1	譲渡制限株式の買取り（140②）または買取人の指定（140⑤）
				2	特定の株主からの自己株式の取得（156①、160①）
				3	全部取得条項付種類株式の全部取得（171①）譲渡制限株式の相続人等に対する売渡請求（175①）
				4	株式の併合（180②）
				5	募集株式の発行等における募集事項の決定（199②）、募集事項の決定の取締役会への委任（200①）、株主への株式の割当ての決定（譲渡制限会社において取締役・取締役会役への委任がない場合）（202条③四）、取締役会非設置会社における譲渡制限株式の割当て（204②）・総数引受契約の承認（205②）

資料 **3**

				6	新株予約権発行に係る募集事項の決定（238②）、募集事項の決定の取締役（会）への委任（239①）、株主への新株予約権の割当ての決定（非公開会社において取締役・取締役会への委任がない場合）（241③四）、取締役会非設置会社における譲渡制限株式を目的とする募集新株予約権・譲渡制限新株予約権の割当て（243②）・総数引受契約の承認（244③）
				7	監査役の解任・累積投票により選任された取締役の解任（339①）
				8	役員等の責任の一部免除（425①）
				9	資本金の減少（欠損補填に必要な限度で行われる場合を除く）（447①）
				10	現物配当（454④）
				11	定款の変更、事業の譲渡等の承認、会社の解散
				12	組織変更・組織再編の承認
特殊決議	309③	無	議決権を行使できる株主の半数以上※であって、当該株主の議決権の3分の2以上の賛成※ ※定款で加重可能	1	全部の株式に譲渡制限をかける旨の定款変更
				2	2 吸収合併消滅会社・株式交換完全子会社が公開会社で、対価の全部または一部が譲渡制限株式等である場合における当該会社の吸収合併契約・株式交換契約の承認（783①）
				3	新設合併消滅会社・株式移転完全子会社が公開会社で、対価の全部または一部が譲渡制限株式等である場合における当該会社の新設合併契約・株式移転計画の承認（804①）
	309④	無	総株主（議決権のない株主も含む）の半数以上※であって、総株主の議決権の4分の3以上の賛成※ ※定款で加重可能	1	非公開会社における株主ごとに異なる取扱いを行う旨の定款の定め（109②）についての定款変更（当該定款の定めを廃止するものを除く）

株主全員の同意	株主全員の同意	1	発起人・設立時取締役・設立時監査役・役員等・業務執行者等の責任の免除（55、120⑤、424条、462③但書、64②、465②）
		2	全部の株式に取得条項を付し、または取得条項の内容を変更する（当該定款の定めを廃止するものを除く）ための定款変更（種類株式発行会社である場合を除く）（110）
		3	3株式発行後に定款を変更して当該株式について特定の株主から自己株式を取得する場合に他の株主の追加請求権を認めない旨の定款の定めを設け、または当該定めを変更する（当該定款の定めを廃止するものを除く）ための定款変更（164②）
		4	株主総会招集手続の省略（300）
		5	株主総会決議の省略（当該事項について議決権を行使することができる株主全員の書面等による同意が必要）（319①）
		6	株主総会への報告の省略（320）
		7	7 組織変更（776①）
		8	吸収合併消滅会社・株式交換完全子会社が種類株式発行会社ではなく、対価の全部または一部が持分等である場合における当該会社の吸収合併契約・株式交換契約の承認（783②）
		9	新設合併設立会社が持分会社である場合における新設合併契約の承認（804②）

【資料4】 会社法において取締役が負う義務・責任

<table>
<tr><td colspan="4" style="text-align:center">＜取締役の義務＞</td></tr>
<tr><td></td><td>項目</td><td>内容</td><td>免除・その他</td></tr>
<tr><td rowspan="7">職務執行上の義務</td><td>善管注意義務
（330、民644）</td><td>株式会社に対して善良な管理者の注意をもって、その職務を行う義務を負う</td><td></td></tr>
<tr><td>内部統制システムの整備義務（348③Ⅳ、362④Ⅵ・⑤、399の13①Ⅰハ・②、416①Ⅰホ・②）</td><td>取締役（または執行役）の職務執行が法令および定款に適合することを確保するための体制、その他株式会社の業務、ならびに当該株式会社およびその子会社からなる企業集団の業務の適正を確保するために必要なものとして法務省令（会規98、100、110条の4②、112②）で定める体制を整備し、決定しなければならない</td><td>・大会社である監査役（会）設置会社、監査等委員会設置会社、指名委員会等設置会社に限る</td></tr>
<tr><td>忠実義務（355）</td><td>法令および定款ならびに株主総会の決議を遵守し、株式会社のために忠実にその職務を行わなければならない</td><td></td></tr>
<tr><td>競業および利益相反取引の制限（356、365）</td><td>①自己または第三者のために株式会社の事業の部類に属する取引をしようとするとき、②自己または第三者のために株式会社と取引をしようとするとき、③取締役の債務を保証すること、その他利益が相反する取引をしようとするときは、株主総会（取締役会設置会社においては取締役会）において当該取引につき重要な事実を開示し、その承認を受けなければならない</td><td>・承認を受けていない競業取引については、賠償額は自己または第三者が得た利益の額と推定される（会423条2項）
・利益相反取引については、当該行為を行った取締役、株式会社が当該取引をすることを決定した取締役、当該取引に関する取締役会の承認決議に賛成した取締役は、任務懈怠が推定される（423③）。ただし、監査等委員会設置会社において、監査等委員会の承認を受けたときを除く（423④）
・自己のために利益相反取引を行った取締役は無過失責任（428）</td></tr>
<tr><td>報告義務（357）</td><td>株式会社に著しい損害を及ぼすおそれのある事実があることを発見したときは、ただちに当該事実を株主（監査役設置会社にあっては監査役、監査役会設置会社にあっては監査役会、監査等委員会にあっては監査等委員会）に報告しなければならない</td><td></td></tr>
<tr><td>職務執行報告義務（363②）</td><td>3カ月に1回以上、自己の職務の執行の状況を取締役会に報告しなければならない</td><td></td></tr>
<tr><td rowspan="3">株主総会での説明義務</td><td>全部取得条項付種類株式の取得に関する説明義務（171③）</td><td>全部取得条項付種類株式の全部を取得することを決議する株主総会において、当該取得することを必要とする理由を説明しなければならない</td><td></td></tr>
<tr><td>株式の併合に関する説明義務（180④）</td><td>株式の併合を決議する株主総会において、当該株式の併合を必要とする理由を説明しなければならない</td><td></td></tr>
<tr><td>単元株式数を定める場合の説明義務（190）</td><td>単元株式数を定める定款の変更を決議する株主総会において、当該単元株式数を定めることを必要とする理由を説明しなければならない</td><td></td></tr>
</table>

株式および新株予約権を有利発行する場合の説明義務（199③、200②、238③、239②）	募集事項を決議する株主総会において、募集株式および新株予約権の払込金額がこれを引き受ける者にとくに有利であるときは、当該払込金額でその者の募集をすることを必要とする理由を説明しなければならない	
株主からの求めに対する説明義務（314）	株主総会において、株主から特定の事項について説明を求められたときは、当該事項について必要な説明をしなければならない	・当該事項が株主総会の目的である事項に関しないものである場合、その説明をすることにより株主の共同の利益を著しく害する場合、および法務省令（会規71）で定める場合はこの限りではない
報酬に関する説明義務（361④）	取締役の報酬について、会社法361条1項各号に掲げる事項を定め、またはこれを改定することを決議する株主総会において、当該事項を相当とする理由を説明しなければならない	・監査役会設置会社（公開会社かつ大会社）であって、有価証券報告書提出義務がある会社または監査等委員会設置会社は、取締役会において取締役の個人別の報酬等の内容についての決定に関する方針を定めなければならない（361⑦） ・上記の場合において、取締役の個人別の報酬等の内容が定款または株主総会の決議により定められているときは、適用外（361⑦但書）

＜取締役の責任＞

	項目	内容	免除・その他
会社に対する責任	現物出資財産等に関する財産価格補填責任（52、213、286）	設立や新株発行・新株予約権行使において現物出資財産等の価格が著しく不足する場合、当該不足額について支払う義務を負う	・検査役の調査を経た場合、またはその職務を行うにつき注意を怠らなかったことを証明した場合は免除（ただし、募集設立の場合は検査役の調査を経た場合のみ免除。103①）
	仮装払込に関する財産価格補填責任（52の2、103、213の3、286の3）	設立、新株発行や新株予約権発行・行使において、出資の履行を仮装した場合、仮装した払込金額を支払う義務を負う	・その職務を行うにつき注意を怠らなかったことを証明した場合は免除
	設立時責任（53）	株式会社の設立についてその任務を怠ったときは、これによって生じた損害を賠償する責任を負う	・連帯責任（54） ・総株主の同意があれば免除（55）
	違法な財産上の利益供与に対する責任（120④）	株式会社が株主の権利行使に関する財産上の利益供与の禁止（120①）に違反して利益の供与をしたときは、供与した利益の相当額を支払う義務を負う	・総株主の同意があれば免除（120⑤）
	任務懈怠責任（423①）	任務を怠ったときは、株式会社に対し、これによって生じた損害を賠償する責任を負う	・総株主の同意により免除（424） ・当該行為を行った取締役が職務を行うにつき善意でかつ重大な過失がない場合には株主総会の特別決議によって一部（最低責任限度額を超える部分を限度とする）を免除（425） ・職務を行うにつき善意でかつ重大な過失がない場合において、特に必要と認めるときは、取締役会決議によって一部

			（最低責任限度額を超える部分を限度とする）免除することができる旨を定款で定めることができる（426） 職務を行うにつき善意でかつ重大な過失がない場合には定款で定めた額の範囲内であらかじめ定めた額と最低責任限度額とのいずれか高い額を限度とする旨の契約（責任限定契約）を締結することができる旨を定款で定めることができる（427）
	違法配当に対する責任（462①）	会社法461条2項に定める分配可能額を超えて、自己株式の取得、剰余金の配当等をした場合、当該行為を行った取締役は株式会社に対して、当該行為により金銭等の交付を受けた者と連帯して交付を受けた金銭等の帳簿価格に相当する金銭を支払う義務を負う	・その職務を行うにつき注意を怠らなかったことを証明した場合は支払義務を負わない（462②） ・行為時の分配可能額を限度として総株主の同意により免除（464③）
	買取請求に応じて株式を取得した場合の責任（464①）	株式譲渡制限を付す定款変更等の一定の事項に関する反対株主の買取請求に応じて株式を取得する場合において、当該請求をした株主へ支払った金額が分配可能額を超えるときは、株式会社に対し連帯して、超過額を支払う義務を負う	・その職務を行うにつき注意を怠らなかったことを証明した場合は支払義務を負わない（464①） ・総株主の同意により免除（464②）
	欠損が生じた場合の責任（465①）	自己株式の取得、剰余金の配当など会社法465条1項各号に掲げる行為をした場合において、その直後の計算書類承認時に分配可能額がマイナスとなったときは、株式会社に対し連帯して、欠損額を支払う義務を負う	・その職務を行うにつき注意を怠らなかったことを証明した場合は支払義務を負わない（465①） ・総株主の同意により免除（465②）
第三者に対する責任	任務懈怠責任（429①）	悪意または重大な過失があったときは、これによって第三者に生じた損害を賠償する責任を負う	
	虚偽記載責任（429②）	法定の重要な事項についての虚偽の記載または記録等によって第三者に生じた損害を賠償する責任を負う	・その行為をすることにつき注意を怠らなかったことを証明した場合は支払義務を負わない（429②但書）
その他	連帯責任（430）	役員等が株式会社または第三者に生じた損害を賠償する責任を負う場合において、他の役員等も当該損害を賠償する責任を負うときは、これらの者は連帯債務者とする	

【資料5】 役員等の責任減免

責任の減免方法	対象役員	必要な手続
総株主の同意による免除	取締役、執行役、監査役、会計監査人	―
株主総会の特別決議による事後的な一部免除	取締役、執行役、監査役、会計監査人	①監査役等の同意 責任免除に関する議案を株主総会に提出するには、監査役（会社が監査等委員会設置会社の場合は監査等委員、指名委員会等設置会社の場合は監査委員）全員の同意を得なければなりません（会425条3項）。 ②株主総会への開示 取締役は、(1)責任の原因事実および賠償責任額、(2)免除の限度額およびその算定の根拠、(3)責任を免除すべき理由および免除額を株主総会に開示しなければなりません（会425条2項）。
定款規定に基づく取締役会決議による事後的な一部免除	取締役、執行役、監査役、会計監査人	①登記 取締役会決議により取締役の責任免除ができる旨の定款の定めを登記しなければなりません（会911条3項24号）。 ②監査役等の同意 取締役の責任免除を規定する定款変更の議案を株主総会に提出する場合および定款の規定に基づく責任免除の議案を取締役会に提出する場合には、監査役（監査等委員会設置会社の場合は監査等委員、指名委員会等設置会社の場合は監査委員）全員の同意を得なければなりません（会426条2項、425条3項）。 ③株主に対する通知 定款の規定に基づき取締役会において責任免除決議をした場合、取締役は、遅滞なく、(1)責任の原因事実および賠償責任額、(2)免除の限度額およびその算定の根拠、(3)責任を免除すべき理由および免除額、ならびに異議があれば一定期間（1カ月以上）内に当該異議を述べるべき旨を公告し、または株主に個別に通知しなければなりません（会426条3項）。なお、総株主の議決権の100分の3（これを下回る割合を定款で定めた場合には、その割合）以上の議決権を有する株主が当該期間内に異議を述べたときは、会社は責任免除をすることができません（同条7項）。

非業務執行取締役等に関する定款に基づく事前の責任限定契約	業務執行取締役等でない取締役、監査役、会計監査人	①登記 非業務執行取締役等と責任限定契約を締結することができる旨の定款の定めを登記しなければなりません（会911条3項25号）。 ②監査役等の同意 非業務執行取締役等と責任限定契約を締結できる旨の定款変更の議案を株主総会に提出する場合、監査役（監査等委員会設置会社の場合は監査等委員、指名委員会等設置会社の場合は監査委員）全員の同意を得なければなりません（会427条3項、425条3項）。 ③株主総会への開示 責任限定契約を締結した会社が、契約の相手方である非業務執行取締役等の任務懈怠により損害を受けたことを知った場合、(1)責任の原因事実および賠償責任額、(2)免除の限度額およびその算定の根拠、(3)責任限定契約の内容および契約を締結した理由、(4)任務懈怠により生じた損害のうち当該非業務執行取締役等が賠償責任を負わないとされた額を、その後最初に招集される株主総会において開示しなければなりません（会427条4項）。

【資料6】　補償契約、D&O保険

契約の種類	対象役員	締結後の責任額	手　　続	その他・監査役の同意等
補償契約	取締役 執行役 監査役 会計監査人	・補償金額控除額 ※補償の範囲 ・①法令の規定に違反したことが疑われ、または責任の追及に係る請求を受けたことに対処するために支出する費用（防御費用）の全部または一部 ・②第三者に生じた損害を賠償する責任を負う場合における損失（損害賠償金または和解金）の全部または一部（会430条の2第1項1号・2号）	・内容の決定は取締役会決議（取締役会非設置会社については株主総会普通決議）（会430条の2第1項） ・契約にもとづく補償後、補償をした取締役および補償を受けた取締役は、遅滞なく補償に係る重大な事実を取締役会に報告（会430条の2第4項）	・①のうち通常要する費用の額を超える部分については補償不可（会430条の2第2項1号） ・②のうち任務懈怠責任を負うときは、当該責任に係る部分について補償不可（会430条の2第2項2号） ・②のうち悪意または重過失があったときは補償不可（会430条の2第2項3号） ・契約相手方が自己もしくは第三者の利益を図り、または会社に損害を加える目的であったことを知ったときは、①で補償した金額に相当する金銭を返還を請求することができる（会430条の2第3項） ・利益相反取引規制の対象外（会430条の2第6項）
役員等賠償責任保険契約（D&O保険）	取締役 執行役 監査役 会計監査人	・保険金額控除額 ※保険の範囲 ・会社が保険者との間で締結する保険契約のうち、責任を負うことまたは責任の追及に係る請求を受けることによって生ずることのある損害を保険者が補填することを約するものであって、役員等を被保険者とするもの（いわゆるPL保険や自動車賠償責任保険等を除く）（会430条の3第1項）	・内容の決定は取締役会決議（取締役会非設置会社については株主総会普通決議）（会430条の3第1項）	・利益相反取引規制の対象外（会430条の2第6項）

【資料7】 会社法に基づく取締役等の罰則一覧

条項	罪名	要件	罰則
会960条	特別背任罪	取締役等が、自己もしくは第三者の利益を図り、または会社に損害を加える目的で、その任務に背く行為をして、会社に財産上の損害を与えた	10年以下の懲役または1,000万円以下の罰金
会961条	代表社債権者等の特別背任罪	代表社債権者等が、自己もしくは第三者の利益を図り、または社債権者に損害を加える目的で、その任務に背く行為をして、社債権者に財産上の損害を与えた	5年以下の懲役または500万円以下の罰金
会962条	特別背任罪等未遂罪	会社法960条、961条の未遂罪	
会963条	会社財産を危うくする罪	取締役等が、現物出資等に係る裁判所・総会に対する虚偽申述・事実隠蔽、自己株式の不正取得、違法配当、会社の目的の範囲外の投機取引のために会社財産を処分した	5年以下の懲役または500万円以下の罰金
会964条	虚偽文書行使等の罪	株式・社債等の募集・売出しにあたり重要な事項に虚偽の記載のある文書等を行使した	5年以下の懲役または500万円以下の罰金
会965条	預合いの罪	取締役等が、株式の発行に係る払込みを仮装するため預合いを行った	5年以下の懲役または500万円以下の罰金
会966条	株式の超過発行の罪	取締役等が、会社が発行できる株式の総数を超えて株式を発行した	5年以下の懲役または500万円以下の罰金
会967条1項	取締役等の収賄罪	取締役等が、その職務に関して、不正の請託を受け、財産上の利益を収受し、または要求もしくは約束をした	5年以下の懲役または500万円以下の罰金
会967条2項	取締役等に対する贈賄罪	会社法967条1項の利益を供与し、またはその申込みもしくは約束をした	3年以下の懲役または300万円以下の罰金
会968条1項	株主等の権利の行使に関する収賄罪	株主総会等での発言や議決権の行使に関して、不正の請託を受け、財産上の利益を収受し、または要求もしくは約束をした	5年以下の懲役または500万円以下の罰金
会968条2項	株主等の権利の行使に関する贈賄罪	会社法968条1項の利益を供与し、またはその申込みもしくは約束をした	5年以下の懲役または500万円以下の罰金

条項	罪名	要件	罰則
会969条	賄賂の没収・追徴	会社法967条、968条の場合、収受された利益は没収する。その全部または一部を没収できない場合は価額追徴	
会970条	株主等の権利行使に関する利益供与の罪	取締役等が、株主の権利、会社に係る適格旧株主の権利、または会社の最終完全親会社等の株主の権利の行使に関して会社または子会社の計算において財産上の利益を供与した等	3年以下の懲役または300万円以下の罰金等
会971条	国外犯の処罰	取締役等の特別背任罪、会社財産を危うくする罪等について国外犯についても処罰する	
会973条	業務停止命令違反の罪	電子公告調査の業務の停止命令に違反した	1年以下の懲役または100万円以下の罰金
会974条	虚偽届出等の罪	電子公告調査機関が虚偽の届出や調査記録簿等に記載せず、または虚偽の記載等をした	30万円以下の罰金
会976条～979条	過料に処せられる行為	登記懈怠、公告・通知違反、説明義務違反、閲覧等拒否、検査・調査妨害、虚偽申述、事実隠蔽、商号の不正使用等	100万円以下の過料（ただし、会社成立前に当該会社の名義を使用して事業をした者等は、会社設立の登録免許税相当額）

※会社法960条から965条および973条の場合、懲役と罰金の両方を併科することができる。
※「取締役等」とあるのは監査役も含まれる。

【資料8】　金融商品取引法上の罰則一覧

		刑事罰	課徴金	金融商品取引法上の損害賠償責任
不公正取引規制	●内部者取引（インサイダー取引）（166条、167条）（※）	懲役5年以下もしくは罰金500万円以下または併科（197条の2第13号）【法人】罰金5億円以下（207条1項2号）	不公正取引により得た差益（175条）	
	●風説流布・偽計（158条）（※）	懲役10年以下もしくは罰金1,000万円以下または併科（197条1項5号）【法人】罰金7億円以下（207条1項1号）	不公正取引により得た差益（173条）	
	●相場操縦（159条）（※）	懲役10年以下もしくは罰金1,000万円以下または併科（197条1項5号）【法人】罰金7億円以下（207条1項1号）	不公正取引により得た差益（174条）	あり（160条）
開示規制	●虚偽記載			
	①有価証券届出書（4条、5条、6条等）	懲役10年以下もしくは罰金1,000万円以下または併科（197条1項1号）【法人】罰金7億円以下（207条1項1号）	募集・売出価額の2.25%（株式等の場合4.5%）(172条の2)	あり・法人（18条1項、21条の2）・役員（21条1項1号、22条）
	②有価証券報告書（24条等）	懲役10年以下もしくは罰金1,000万円以下または併科（197条1項1号）【法人】罰金7億円以下（207条1項1号）	時価総額の0.006%ないし600万円の高いほうの額(172条の4)	あり・法人（21条の2第1項）・役員（24条の4）
	③四半期報告書(24条の4の7第1項)・臨時報告書（24条の5第4項）	懲役5年以下もしくは罰金500万円以下または併科（197条の2第6号）【法人】罰金5億円以下（207条1項2号）	時価総額の0.003%ないし300万円の高いほうの額(172条の4第2項)	あり・法人（21条の2第1項）・役員（24条の4の7第4項）
	④公開買付公告・公開買付届出書（27条の3第1項・第2項）	懲役10年以下もしくは罰金1,000万円以下または併科（197条1項3号）【法人】罰金7億円以下（207条1項1号）	公開買付け開始前日の終値×買付け数量×25%（172条の6第1項）	あり（27条の20第1項）
	⑤大量保有報告書（27条の23等）	懲役5年以下もしくは罰金500万円以下または併科（197条の2第6号）【法人】罰金5億円以下（207条1項2号）	当該株券発行者の時価総額等の0.001%（172条の8）	
	●開示・提出義務過怠			
	①有価証券届出書（4条、5条、6条等）	懲役5年以下もしくは罰金500万円以下または併科（197条の2第1号）【法人】罰金5億円以下（207条1項2号）	募集・売出価額の2.25%（株式等の場合4.5%）（172条）	あり（16条）
	②有価証券報告書（24条等）	懲役5年以下もしくは罰金500万円以下または併科（197条の2第5号）【法人】罰金5億円以下（207条1項2号）	直前事業年度の監査報酬相当額（該当しない場合400万円）（172条の3）	
	③四半期報告書(24条の4の7第1項)・臨時報告書（24条の5第4項）	懲役1年以下もしくは罰金100万円以下または併科（200条5号）【法人】罰金1億円以下（207条1項5号）	直前事業年度の監査報酬相当額の50%（該当しない場合200万円）（172条の3第2項）	
	④公開買付公告・公開買付届出書（27条の3第1項・第2項）	懲役5年以下もしくは罰金500万円以下または併科（197条の2第5号）【法人】罰金5億円以下（207条1項2号）	公開買付け開始前日の終値×買付け数量×25%（172条の6第2項）公告懈怠の場合は買付総額×25%(172条の5)	
	⑤大量保有報告書（27条の23等）	懲役5年以下もしくは罰金500万円以下または併科（197条の2第5号）【法人】罰金5億円以下（207条1項2号）	当該株券発行者の時価総額等の0.001%（172条の7）	

・上記の引用条文は、すべて金融商品取引法
・【法人】とあるのは、法人に対する両罰規定
・（※）については、その犯罪行為により得た財産を没収する規定が存在する（金商198条の2）

【資料9】　　　　　　　　　**会社法用語集**

用語	条項	規定
親会社	会2条4号	株式会社を子会社とする会社その他の当該株式会社の経営を支配している法人として法務省令で定めるもの
親会社等	会2条4号の2	親会社、または株式会社の経営を支配している者（法人であるものを除く）として法務省令で定めるもの
会計監査人設置会社	会2条11号	会計監査人を置く株式会社または会社法の規定により会計監査人を置かなければならない株式会社
会計参与設置会社	会2条8号	会計参与を置く株式会社
会社	会2条1号	株式会社、合名会社、合資会社または合同会社
株券発行会社	会117条7項	株式（種類株式発行会社にあっては、全部の種類の株式）に係る株券を発行する旨の定款の定めがある株式会社
株式移転	会2条32号	1または2以上の株式会社がその発行済株式の全部を新たに設立する株式会社に取得させること
株式交付	会2条32号の2	株式会社が、他の株式会社をその子会社とするために当該他の株式会社の株式を譲り受け、当該株式の譲渡人に対して当該株式の対価として当該株式会社の株式を交付すること
株式交付子会社	774条の3第1項1号	株式交付親会社が株式交付に際して譲り受ける株式を発行する株式会社
株式交付親会社	774条の3第1項1号	株式交付をする株式会社
株式交換	会2条31号	株式会社がその発行済株式の全部を他の株式会社または合同会社に取得させること
株式等	会107条2項2号ホ	株式、社債および新株予約権
株式無償割当	会185条	株式会社が株主（種類株式発行会社にあっては、ある種類の種類株主）に対して新たに払込みをさせないで行う当該株式会社の株式の割当て
株主等	会828条2項	株主、取締役または清算人（監査役設置会社にあっては株主、取締役、監査役または清算人、指名委員会等設置会社にあっては株主、取締役、執行役または清算人）

株主名簿管理人	会 123 条	株式会社に代わって株主名簿の作成および備置きその他の株主名簿に関する事務を行う者
監査委員	会 400 条 4 項	監査委員会の委員
監査等委員会設置会社	会 2 条 11 号の 2	監査等委員会を置く株式会社
監査役会設置会社	会 2 条 10 号	監査役会を置く株式会社または会社法の規定により監査役会を置かなければならない株式会社
監査役設置会社	会 2 条 9 号	監査役を置く株式会社（その監査役の監査の範囲を会計に関するものに限定する旨の定款の定めのあるものを除く）または会社法の規定により監査役を置かなければならない株式会社
議決権制限株式	会 115 条	株主総会において議決権を行使することができる事項について制限のある種類の株式
基準日	会 124 条 1 項	株式会社が一定の日において株主名簿に記載され、または記録されている株主をその権利を行使することができる者と定める場合における当該一定の日
吸収合併	会 2 条 27 号	会社が他の会社とする合併であって、合併により消滅する会社の権利義務の全部を合併後存続する会社に承継させるもの
吸収分割	会 2 条 29 号	株式会社または合同会社がその事業に関して有する権利義務の全部または一部を分割後他の会社に承継させること
業務執行取締役	会 2 条 15 号イ	株式会社の代表取締役および代表取締役以外の取締役であって取締役会の決議により取締役会設置会社の業務を執行する取締役として選定されたものならびに当該株式会社の業務を執行したその他の取締役
業務執行取締役等	会 2 条 15 号イ	株式会社またはその子会社の業務執行取締役もしくは執行役または支配人その他の使用人
金銭等	会 151 条 1 項	金銭その他の財産
計算書類	会 435 条 2 項	貸借対照表、損益計算書その他株式会社の財産および損益の状況を示すために必要かつ適当なものとして法務省令で定めるもの
公開会社	会 2 条 5 号	その発行する全部または一部の株式の内容として譲渡による当該株式の取得について株式会社の承認を要する旨の定款の定めを設けていない株式会社
公告方法	会 2 条 33 号	会社が公告をする方法
子会社	会 2 条 3 号	会社がその総株主の議決権の過半数を有する株式会社その他の当該会社がその経営を支配している法人として法務省令で定めるもの

子会社等	会2条3号の2	子会社、または会社以外の者がその経営を支配している法人として法務省令で定めるもの
最終事業年度	会2条24号	各事業年度に係る計算書類につき定時株主総会の承認を受けた場合における当該各事業年度のうち最も遅いもの （注）会計監査人設置会社において取締役会の承認を受けた計算書類が法令および定款に従い株式会社の財産および損益の状況を正しく表示しているものとして法務省令で定める要件を満たす場合には、当該取締役会の承認
自己株式	会113条4項	株式会社が有する自己の株式
市場取引	会165条1項	市場において行う取引または金融商品取引法27条の2第6項に規定する公開買付けの方法
指名委員会等設置会社	会2条12号	指名委員会、監査委員会および報酬委員会を置く株式会社
社外監査役	会2条16号	株式会社の監査役であって、次に掲げる要件のいずれにも該当するもの 　イ　その就任の前10年間当該株式会社またはその子会社の取締役、会計参与もしくは執行役または支配人その他の使用人であったことがないこと 　ロ　その就任の前10年内のいずれかの時において当該株式会社またはその子会社の監査役であったことがある者にあっては、当該監査役への就任の前10年間当該株式会社またはその子会社の取締役、会計参与もしくは執行役または支配人その他の使用人であったことがないこと 　ハ　当該株式会社の親会社等（自然人であるものに限る）または親会社等の取締役、監査役もしくは執行役もしくは支配人その他の使用人でないこと 　ニ　当該株式会社の親会社等の子会社等（当該株式会社およびその子会社を除く）の業務執行取締役等でないこと 　ホ　当該株式会社の取締役もしくは支配人その他の重要な使用人または親会社等（自然人であるものに限る）の配偶者または二親等内の親族でないこと
社外取締役	会2条15号	株式会社の取締役であって、次に掲げる要件のいずれにも該当するもの 　イ　当該株式会社またはその子会社の業務執行取締役もしくは執行役または支配人その他の使用人（以下「業務執行取締役等」という）でなく、かつ、その就任の前10年間当該株式会社またはその子会社の業務執行取締役等であったことがないこと 　ロ　その就任の前10年内のいずれかの時におい

		て当該株式会社またはその子会社の取締役、会計参与または監査役であったことがある者（業務執行取締役等であったことがあるものを除く）にあっては、当該取締役、会計参与または監査役への就任の前10年間当該株式 会社またはその子会社の業務執行取締役等であったことがないこと 　ハ　当該株式会社の親会社等（自然人であるものに限る）または親会社等の取締役もしくは執行役もしくは支配人その他の使用人でないこと 　ニ　当該株式会社の親会社等の子会社等の業務執行取締役等でないこと 　ホ　当該株式会社の取締役もしくは執行役もしくは支配人その他の重要な使用人または親会社等（自然人であるものに限る）の配偶者または二親等内の親族でないこと
社債	会2条23号	会社法の規定により会社が行う割当てにより発生する当該会社を債務者とする金銭債権であって、同法676条各号に掲げる事項についての定めに従い償還されるもの
社債管理者	会703条	銀行、信託会社のほか、これらに準ずるものとして法務省令で定める者
社債管理補助者	会714条の3	銀行、信託会社、これらに準ずるものとして法務省令で定める者その他法務省令で定める者
社債原簿管理人	会683条	会社に代わって社債原簿の作成および備置きその他の社債原簿に関する事務を行う者
取得条件付株式	会2条19号	株式会社がその発行する全部または一部の株式の内容として当該株式会社が一定の事由が生じたことを条件として当該株式を取得することができる旨の定めを設けている場合における当該株式
取得請求権付株式	会2条18号	株式会社がその発行する全部または一部の株式の内容として株主が当該株式会社に対して当該株式の取得を請求することができる旨の定めを設けている場合における当該株式
種類株式	会2条13号	剰余金の配当その他の会社法108条1項各号に掲げる事項について内容の異なる2以上の種類の株式を発行した場合の各株式
種類株主	会2条14号	種類株式発行会社におけるある種類の株式の株主
招集権者（取締役会の）	会366条2項	取締役会を招集する者として定款または取締役会で定められた場合の当該取締役

上場会社	金商 24 条 1 項 1 号	金融商品取引にその株券が上場されている株式会社
上場会社等	金商 27 条の 36 第 1 項	金融商品取引上場・店頭売買有価証券該当・取扱有価証券該当の有価証券の発行者
譲渡制限株式	会 2 条 17 号	株式会社がその発行する全部または一部の株式の内容として譲渡による当該株式の取得について当該株式会社の承認を要する旨の定めを設けている場合における当該株式
新株予約権	会 2 条 21 号	株式会社に対して行使することにより当該株式会社の株式の交付を受けることができる権利
新株予約権付社債	会 2 条 22 号	新株予約権を付した社債
新設合併	会 2 条 28 号	2 以上の会社がする合併であって、合併により消滅する会社の権利義務の全部を合併により設立する会社に承継させるもの
新設分割	会 2 条 30 号	1 または 2 以上の株式会社または合同会社がその事業に関して有する権利義務の全部または一部を分割により設立する会社に承継させること
大会社	会 2 条 6 号	次に掲げる要件のいずれかに該当する株式会社 イ　最終事業年度に係る貸借対照表に資本金として計上した額が 5 億円以上であること ロ　最終事業年度に係る貸借対照表の負債の部に計上した額の合計額が 200 億円以上であること
代表取締役	会 47 条 1 項	株式会社を代表する取締役
単元株式数	会 2 条 20 号	株式会社がその発行する株式について、一定の数の株式をもって株主が株主総会または種類株主総会において 1 個の議決権を行使することができる 1 単元の株式とする旨の定款の定めを設けている場合における当該一定の数
単元未満株式	会 189 条 1 項	単元株式数に満たない数の株式
中間配当	会 454 条 5 項	定款の定めにより一事業年度の途中において 1 回に限り取締役会の決議によって行う剰余金の配当（配当財産が金銭であるものに限る）
電子公告	会 2 条 34 号	公告方法のうち、電磁的方法により不特定多数の者が公告すべき内容である情報の提供を受けることができる状態に置く措置であって法務省令で定めるものをとる方法

電磁的記録	会26条2項	電子的方式、磁気的方法その他人の知覚によっては認識することができない方法で作られる記録であって、電子計算機による情報処理の用に供されるものとして法務省令で定めるもの
登録株式質権者	会149条1項	株主名簿にその氏名または名称および住所ならびに質権の目的である株式が記載または記録された質権者
特定責任追及の訴え	会847条の3	いわゆる多重代表訴訟に関連して使用される用語で株式会社またはその完全親会社等の株主が当該株式会社の取締役などの責任を追及する訴え
特別支配株主	会179条1項	総株主の議決権の10分の9以上をみずからまたは一定の範囲の子法人を通じて有する株主
独立役員	東証上場規程436条の2第1項	一般株主と利益相反の生じるおそれのない社外取締役または社外監査役
特例有限会社	整備3条2項	整備3条1項の規定によりその商号中に有限会社という文字を用いる整備2条1項の規定により存続する株式会社
取締役会設置会社	会2条7号	取締役会を置く株式会社または会社法の規定により取締役会を置かなければならない株式会社
配当財産	会2条25号	株式会社が剰余金の配当をする場合における配当する財産
発行可能株式総数	会37条1項	株式会社が発行することができる株式の総数
発行済株式	会2条31号	株式会社が発行している株式
非業務執行取締役等	会427条1項	取締役（業務執行取締役等であるものを除く）、会計参与、監査役または会計監査人
報酬等	会361条1項	取締役、監査役等の報酬、賞与その他の職務執行の対価として株式会社から受ける財産上の利益（注）異なる意味で用いられる場合もある
募集株式	会199条1項	株式会社がその発行する株式またはその処分する自己株式を引き受ける者の募集をしたときにおいて、当該募集に応じてこれらの株式の引受けの申込みをした者に対して割り当てる株式
補償契約	会430条の2第1項	株式会社が、役員等に対し、①役員等が職務の執行に関して法令違反を疑われたり責任追及にかかる請求を受けたりしたことに対処するための費用（防衛費用）や、②役員等が職務の執行に関して第三者に生じた損害の賠償責任を負うことによって生じる損失の全部または一部を補償することを約する契約
持分会社	会575条1項	合名会社、合資会社または合同会社の総称

役員	会 329 条 1 項	取締役、会計参与および監査役
役員等	会 423 条 1 項	取締役、会計参与、監査役、執行役および会計監査人
役員等賠償責任保険（D&O 保険）	会 430 条の 3 第 1 項 会規 115 条の 2	役員等が職務の執行に関し責任を負うことによって生じる損害、または、その責任の追及にかかる請求を受けることによって生じる損害を保険会社が填補することを約する保険契約であって、会社が保険契約者となり、役員等が被保険者となるもの
連結計算書類	会 444 条 1 項	会計監査人設置会社およびその子会社からなる企業集団の財産および損益の状況を示すために必要かつ適当なものとして法務省令で定めるもの

【資料10】 コーポレートガバナンス・コード
～会社の持続的な成長と中長期的な企業価値の向上のために～

（2021. 6. 11改訂）

第1章　株主の権利・平等性の確保

【基本原則1】

　上場会社は、株主の権利が実質的に確保されるよう適切な対応を行うとともに、株主がその権利を適切に行使することができる環境の整備を行うべきである。

　また、上場会社は、株主の実質的な平等性を確保すべきである。

　少数株主や外国人株主については、株主の権利の実質的な確保、権利行使に係る環境や実質的な平等性の確保に課題や懸念が生じやすい面があることから、十分に配慮を行うべきである。

考え方

　上場会社には、株主を含む多様なステークホルダーが存在しており、こうしたステークホルダーとの適切な協働を欠いては、その持続的な成長を実現することは困難である。その際、資本提供者は重要な要であり、株主はコーポレートガバナンスの規律における主要な起点でもある。上場会社には、株主が有する様々な権利が実質的に確保されるよう、その円滑な行使に配慮することにより、株主との適切な協働を確保し、持続的な成長に向けた取組みに邁進することが求められる。

　また、上場会社は、自らの株主を、その有する株式の内容及び数に応じて平等に取り扱う会社法上の義務を負っているところ、この点を実質的にも確保していることについて広く株主から信認を得ることは、資本提供者からの支持の基盤を強化することにも資するものである。

【原則1－1．株主の権利の確保】

　上場会社は、株主総会における議決権をはじめとする株主の権利が実質的に確保されるよう、適切な対応を行うべきである。

補充原則

1－1①　取締役会は、株主総会において可決には至ったものの相当数の反対票が投じられた会社提案議案があったと認めるときは、反対の理由や反対票が多くなった原因の分析を行い、株主との対話その他の対応の要否について検討を行うべきである。

1－1②　上場会社は、総会決議事項の一部を取締役会に委任するよう株主総会に提案するに当たっては、自らの取締役会においてコーポレートガバナンスに関する役割・責務を十分に果たし得るような体制が整っているか否かを考慮すべきである。他方で、上場会社において、そうした体制がしっかりと整っていると判断する場合には、上記の提案を行うことが、経営判断の機動性・専門性の確保の観点から望ましい場合があることを考慮に入れるべきである。

1－1③　上場会社は、株主の権利の重要性を踏まえ、その権利行使を事実上妨げることのないよう配慮すべきである。とりわけ、少数株主にも認められている上場会社及びその役員に対する特別な権利（違法行為の差止めや代表訴訟提起に係る権利等）については、その権利行使の確保に課題や懸念が生じやすい面があることから、十分に配慮を行うべきである。

【原則1－2．株主総会における権利行使】

　上場会社は、株主総会が株主との建設的な対話の場であることを認識し、株主の視点に立って、株主総会における権利行使に係る適切な環境整備を行うべきである。

補充原則

1－2①　上場会社は、株主総会において株主が適切な判断を行うことに資すると考えられる情報については、必要に応じ適確に提供すべきである。

1－2②　上場会社は、株主が総会議案の十分な検討期間を確保することができるよう、招集通知に記載する情報の正確性を担保しつつその早期発送に努めるべきであり、また、招集通知に記載する情報は、株主総会の招集に係る取締役会決議から招集通知を発送するまでの間に、TDnetや自社のウェブサイトにより電子的に公表すべきである。

1－2③　上場会社は、株主との建設的な対話の充実や、そのための正確な情報提供等の観点を考慮し、株主総会開催日をはじめとする株主総会関連の日程の適切な設定を行うべきである。

1－2④　上場会社は、自社の株主における機関投資家や海外投資家の比率等も踏まえ、議決権の電子行使を可能とするための環境作り（議決権電子行使プラットフォームの利用等）や招集通知の英訳を進めるべきである。

　　　　特に、プライム市場上場会社は、少なくとも機関投資家向けに議決権電子行使プラットフォームを利用可能とすべきである。

1－2⑤　信託銀行等の名義で株式を保有する機関投資家等が、株主総会において、信託銀行等に代わって自ら議決権の行使等を行うことをあらかじめ希望する場合に対応するため、上場会社は、信託銀行等と協議しつつ検討を行うべきである。

【原則１－３．資本政策の基本的な方針】

　上場会社は、資本政策の動向が株主の利益に重要な影響を与え得ることを踏まえ、資本政策の基本的な方針について説明を行うべきである。

【原則１－４．政策保有株式】

　上場会社が政策保有株式として上場株式を保有する場合には、政策保有株式の縮減に関する方針・考え方など、政策保有に関する方針を開示すべきである。また、毎年、取締役会で、個別の政策保有株式について、保有目的が適切か、保有に伴う便益やリスクが資本コストに見合っているか等を具体的に精査し、保有の適否を検証するとともに、そうした検証の内容について開示すべきである。

　上場会社は、政策保有株式に係る議決権の行使について、適切な対応を確保するための具体的な基準を策定・開示し、その基準に沿った対応を行うべきである。

補充原則

1－4①　上場会社は、自社の株式を政策保有株式として保有している会社（政策保有株主）からその株式の売却等の意向が示された場合には、取引の縮減を示唆することなどにより、売却等を妨げるべきではない。

1－4②　上場会社は、政策保有株主との間で、取引の経済合理性を十分に検証しないまま取引を継続するなど、会社や株主共同の利益を害するような取引を行うべきではない。

【原則１－５．いわゆる買収防衛策】

　買収防衛の効果をもたらすことを企図してとられる方策は、経営陣・取締役会の保身を目的とするものであってはならない。その導入・運用については、取締役会・監査役は、株主に対する受託者責任を全うする観点から、その必要性・合理性をしっかりと検討し、適正な手続を確保するとともに、株主に十分な説明を行うべきである。

補充原則

1－5①　上場会社は、自社の株式が公開買付けに付された場合には、取締役会としての考え方（対抗提案
　　　があればその内容を含む）を明確に説明すべきであり、また、株主が公開買付けに応じて株式を手
　　　放す権利を不当に妨げる措置を講じるべきではない。

【原則１－６．株主の利益を害する可能性のある資本政策】

　支配権の変動や大規模な希釈化をもたらす資本政策（増資、ＭＢＯ等を含む）については、既存株主
を不当に害することのないよう、取締役会・監査役は、株主に対する受託者責任を全うする観点から、
その必要性・合理性をしっかりと検討し、適正な手続を確保するとともに、株主に十分な説明を行うべ
きである。

【原則１－７．関連当事者間の取引】

　上場会社がその役員や主要株主等との取引（関連当事者間の取引）を行う場合には、そうした取引が
会社や株主共同の利益を害することのないよう、また、そうした懸念を惹起することのないよう、取締
役会は、あらかじめ、取引の重要性やその性質に応じた適切な手続を定めてその枠組を開示するとと
もに、その手続を踏まえた監視（取引の承認を含む）を行うべきである。

第２章　株主以外のステークホルダーとの適切な協働

【基本原則２】

　上場会社は、会社の持続的な成長と中長期的な企業価値の創出は、従業員、顧客、取引先、債権者、
地域社会をはじめとする様々なステークホルダーによるリソースの提供や貢献の結果であることを十分
に認識し、これらのステークホルダーとの適切な協働に努めるべきである。
　取締役会・経営陣は、これらのステークホルダーの権利・立場や健全な事業活動倫理を尊重する企業
文化・風土の醸成に向けてリーダーシップを発揮すべきである。

考え方

　上場会社には、株主以外にも重要なステークホルダーが数多く存在する。これらのステークホルダーに
は、従業員をはじめとする社内の関係者や、顧客・取引先・債権者等の社外の関係者、更には、地域社会の
ように会社の存続・活動の基盤をなす主体が含まれる。上場会社は、自らの持続的な成長と中長期的な企業
価値の創出を達成するためには、これらのステークホルダーとの適切な協働が不可欠であることを十分に認
識すべきである。

　また、「持続可能な開発目標」（ＳＤＧｓ）が国連サミットで採択され、気候関連財務情報開示タスク
フォース（ＴＣＦＤ）への賛同機関数が増加するなど、中長期的な企業価値の向上に向け、サステナビリ
ティ（ＥＳＧ要素を含む中長期的な持続可能性）が重要な経営課題であるとの意識が高まっている。こうし
た中、我が国企業においては、サステナビリティ課題への積極的・能動的な対応を一層進めていくことが重
要である。

　上場会社が、こうした認識を踏まえて適切な対応を行うことは、社会・経済全体に利益を及ぼすととも
に、その結果として、会社自身にも更に利益がもたらされる、という好循環の実現に資するものである。

【原則２−１．中長期的な企業価値向上の基礎となる経営理念の策定】

上場会社は、自らが担う社会的な責任についての考え方を踏まえ、様々なステークホルダーへの価値創造に配慮した経営を行いつつ中長期的な企業価値向上を図るべきであり、こうした活動の基礎となる経営理念を策定すべきである。

【原則２−２．会社の行動準則の策定・実践】

上場会社は、ステークホルダーとの適切な協働やその利益の尊重、健全な事業活動倫理などについて、会社としての価値観を示しその構成員が従うべき行動準則を定め、実践すべきである。取締役会は、行動準則の策定・改訂の責務を担い、これが国内外の事業活動の第一線にまで広く浸透し、遵守されるようにすべきである。

補充原則

２−２①　取締役会は、行動準則が広く実践されているか否かについて、適宜または定期的にレビューを行うべきである。その際には、実質的に行動準則の趣旨・精神を尊重する企業文化・風土が存在するか否かに重点を置くべきであり、形式的な遵守確認に終始すべきではない。

【原則２−３．社会・環境問題をはじめとするサステナビリティを巡る課題】

上場会社は、社会・環境問題をはじめとするサステナビリティを巡る課題について、適切な対応を行うべきである。

補充原則

２−３①　取締役会は、気候変動などの地球環境問題への配慮、人権の尊重、従業員の健康・労働環境への配慮や公正・適切な処遇、取引先との公正・適正な取引、自然災害等への危機管理など、サステナビリティを巡る課題への対応は、リスクの減少のみならず収益機会にもつながる重要な経営課題であると認識し、中長期的な企業価値の向上の観点から、これらの課題に積極的・能動的に取り組むよう検討を深めるべきである。

【原則２−４．女性の活躍促進を含む社内の多様性の確保】

上場会社は、社内に異なる経験・技能・属性を反映した多様な視点や価値観が存在することは、会社の持続的な成長を確保する上での強みとなり得る、との認識に立ち、社内における女性の活躍促進を含む多様性の確保を推進すべきである。

補充原則

２−４①　上場会社は、女性・外国人・中途採用者の管理職への登用等、中核人材の登用等における多様性の確保についての考え方と自主的かつ測定可能な目標を示すとともに、その状況を開示すべきである。

また、中長期的な企業価値の向上に向けた人材戦略の重要性に鑑み、多様性の確保に向けた人材育成方針と社内環境整備方針をその実施状況と併せて開示すべきである。

【原則２−５．内部通報】

上場会社は、その従業員等が、不利益を被る危険を懸念することなく、違法または不適切な行為・情報開示に関する情報や真摯な疑念を伝えることができるよう、また、伝えられた情報や疑念が客観的に検証され適切に活用されるよう、内部通報に係る適切な体制整備を行うべきである。取締役会は、こうした体制整備を実現する責務を負うとともに、その運用状況を監督すべきである。

補充原則

２－５①　上場会社は、内部通報に係る体制整備の一環として、経営陣から独立した窓口の設置（例えば、社外取締役と監査役による合議体を窓口とする等）を行うべきであり、また、情報提供者の秘匿と不利益取扱の禁止に関する規律を整備すべきである。

【原則２－６．企業年金のアセットオーナーとしての機能発揮】

　上場会社は、企業年金の積立金の運用が、従業員の安定的な資産形成に加えて自らの財政状態にも影響を与えることを踏まえ、企業年金が運用（運用機関に対するモニタリングなどのスチュワードシップ活動を含む）の専門性を高めてアセットオーナーとして期待される機能を発揮できるよう、運用に当たる適切な資質を持った人材の計画的な登用・配置などの人事面や運営面における取組みを行うとともに、そうした取組みの内容を開示すべきである。その際、上場会社は、企業年金の受益者と会社との間に生じ得る利益相反が適切に管理されるようにすべきである。

第３章　適切な情報開示と透明性の確保

【基本原則３】

　上場会社は、会社の財政状態・経営成績等の財務情報や、経営戦略・経営課題、リスクやガバナンスに係る情報等の非財務情報について、法令に基づく開示を適切に行うとともに、法令に基づく開示以外の情報提供にも主体的に取り組むべきである。

　その際、取締役会は、開示・提供される情報が株主との間で建設的な対話を行う上での基盤となることも踏まえ、そうした情報（とりわけ非財務情報）が、正確で利用者にとって分かりやすく、情報として有用性の高いものとなるようにすべきである。

考え方

　上場会社には、様々な情報を開示することが求められている。これらの情報が法令に基づき適時適切に開示されることは、投資家保護や資本市場の信頼性確保の観点から不可欠の要請であり、取締役会・監査役・監査役会・外部会計監査人は、この点に関し財務情報に係る内部統制体制の適切な整備をはじめとする重要な責務を負っている。

　また、上場会社は、法令に基づく開示以外の情報提供にも主体的に取り組むべきである。

　更に、我が国の上場会社による情報開示は、計表等については、様式・作成要領などが詳細に定められており比較可能性に優れている一方で、会社の財政状態、経営戦略、リスク、ガバナンスや社会・環境問題に関する事項（いわゆるＥＳＧ要素）などについて説明等を行ういわゆる非財務情報を巡っては、ひな型的な記述や具体性を欠く記述となっており付加価値に乏しい場合が少なくない、との指摘もある。取締役会は、こうした情報を含め、開示・提供される情報が可能な限り利用者にとって有益な記載となるよう積極的に関与を行う必要がある。

　法令に基づく開示であれそれ以外の場合であれ、適切な情報の開示・提供は、上場会社の外側にいて情報の非対称性の下におかれている株主等のステークホルダーと認識を共有し、その理解を得るための有力な手段となり得るものであり、「『責任ある機関投資家』の諸原則《日本版スチュワードシップ・コード》」を踏まえた建設的な対話にも資するものである。

【原則３－１．情報開示の充実】

　上場会社は、法令に基づく開示を適切に行うことに加え、会社の意思決定の透明性・公正性を確保し、実効的なコーポレートガバナンスを実現するとの観点から、（本コードの各原則において開示を求めている事項のほか、）以下の事項について開示し、主体的な情報発信を行うべきである。

（ⅰ）　会社の目指すところ（経営理念等）や経営戦略、経営計画

（ⅱ）　本コードのそれぞれの原則を踏まえた、コーポレートガバナンスに関する基本的な考え方と基本方針

（ⅲ）　取締役会が経営陣幹部・取締役の報酬を決定するに当たっての方針と手続

（ⅳ）　取締役会が経営陣幹部の選解任と取締役・監査役候補の指名を行うに当たっての方針と手続

（ⅴ）　取締役会が上記（ⅳ）を踏まえて経営陣幹部の選解任と取締役・監査役候補の指名を行う際の、個々の選解任・指名についての説明

補充原則

３－１①　上記の情報の開示（法令に基づく開示を含む）に当たって、取締役会は、ひな型的な記述や具体性を欠く記述を避け、利用者にとって付加価値の高い記載となるようにすべきである。

３－１②　上場会社は、自社の株主における海外投資家等の比率も踏まえ、合理的な範囲において、英語での情報の開示・提供を進めるべきである。

　　　　　特に、プライム市場上場会社は、開示書類のうち必要とされる情報について、英語での開示・提供を行うべきである。

３－１③　上場会社は、経営戦略の開示に当たって、自社のサステナビリティについての取組みを適切に開示すべきである。また、人的資本や知的財産への投資等についても、自社の経営戦略・経営課題との整合性を意識しつつ分かりやすく具体的に情報を開示・提供すべきである。

　　　　　特に、プライム市場上場会社は、気候変動に係るリスク及び収益機会が自社の事業活動や収益等に与える影響について、必要なデータの収集と分析を行い、国際的に確立された開示の枠組みであるＴＣＦＤまたはそれと同等の枠組みに基づく開示の質と量の充実を進めるべきである。

【原則３－２．外部会計監査人】

　外部会計監査人及び上場会社は、外部会計監査人が株主・投資家に対して責務を負っていることを認識し、適正な監査の確保に向けて適切な対応を行うべきである。

補充原則

３－２①　監査役会は、少なくとも下記の対応を行うべきである。

（ⅰ）　外部会計監査人候補を適切に選定し外部会計監査人を適切に評価するための基準の策定

（ⅱ）　外部会計監査人に求められる独立性と専門性を有しているか否かについての確認

３－２②　取締役会及び監査役会は、少なくとも下記の対応を行うべきである。

（ⅰ）　高品質な監査を可能とする十分な監査時間の確保

（ⅱ）　外部会計監査人からＣＥＯ・ＣＦＯ等の経営陣幹部へのアクセス（面談等）の確保

（ⅲ）　外部会計監査人と監査役（監査役会への出席を含む）、内部監査部門や社外取締役との十分な連携の確保

（ⅳ）　外部会計監査人が不正を発見し適切な対応を求めた場合や、不備・問題点を指摘した場合の会社側の対応体制の確立

第4章　取締役会等の責務

【基本原則4】

　上場会社の取締役会は、株主に対する受託者責任・説明責任を踏まえ、会社の持続的成長と中長期的な企業価値の向上を促し、収益力・資本効率等の改善を図るべく、

(1)　企業戦略等の大きな方向性を示すこと

(2)　経営陣幹部による適切なリスクテイクを支える環境整備を行うこと

(3)　独立した客観的な立場から、経営陣（執行役及びいわゆる執行役員を含む）・取締役に対する実効性の高い監督を行うこと

をはじめとする役割・責務を適切に果たすべきである。

　こうした役割・責務は、監査役会設置会社（その役割・責務の一部は監査役及び監査役会が担うこととなる）、指名委員会等設置会社、監査等委員会設置会社など、いずれの機関設計を採用する場合にも、等しく適切に果たされるべきである。

考え方

　上場会社は、通常、会社法が規定する機関設計のうち主要な3種類（監査役会設置会社、指名委員会等設置会社、監査等委員会設置会社）のいずれかを選択することとされている。前者（監査役会設置会社）は、取締役会と監査役・監査役会に統治機能を担わせる我が国独自の制度である。その制度では、監査役は、取締役・経営陣等の職務執行の監査を行うこととされており、法律に基づく調査権限が付与されている。また、独立性と高度な情報収集能力の双方を確保すべく、監査役（株主総会で選任）の半数以上は社外監査役とし、かつ常勤の監査役を置くこととされている。後者の2つは、取締役会に委員会を設置して一定の役割を担わせることにより監督機能の強化を目指すものであるという点において、諸外国にも類例が見られる制度である。上記の3種類の機関設計のいずれを採用する場合でも、重要なことは、創意工夫を施すことによりそれぞれの機関の機能を実質的かつ十分に発揮させることである。

　また、本コードを策定する大きな目的の一つは、上場会社による透明・公正かつ迅速・果断な意思決定を促すことにあるが、上場会社の意思決定のうちには、外部環境の変化その他の事情により、結果として会社に損害を生じさせることとなるものが無いとは言い切れない。その場合、経営陣・取締役が損害賠償責任を負うか否かの判断に際しては、一般的に、その意思決定の時点における意思決定過程の合理性が重要な考慮要素の一つとなるものと考えられるが、本コードには、ここでいう意思決定過程の合理性を担保することに寄与すると考えられる内容が含まれており、本コードは、上場会社の透明・公正かつ迅速・果断な意思決定を促す効果を持つこととなるものと期待している。

　そして、支配株主は、会社及び株主共同の利益を尊重し、少数株主を不公正に取り扱ってはならないのであって、支配株主を有する上場会社には、少数株主の利益を保護するためのガバナンス体制の整備が求められる。

【原則4−1．取締役会の役割・責務(1)】

　取締役会は、会社の目指すところ（経営理念等）を確立し、戦略的な方向付けを行うことを主要な役割・責務の一つと捉え、具体的な経営戦略や経営計画等について建設的な議論を行うべきであり、重要な業務執行の決定を行う場合には、上記の戦略的な方向付けを踏まえるべきである。

補充原則

4−1①　取締役会は、取締役会自身として何を判断・決定し、何を経営陣に委ねるのかに関連して、経営陣に対する委任の範囲を明確に定め、その概要を開示すべきである。

4−1②　取締役会・経営陣幹部は、中期経営計画も株主に対するコミットメントの一つであるとの認識に立ち、その実現に向けて最善の努力を行うべきである。仮に、中期経営計画が目標未達に終わった

　　　場合には、その原因や自社が行った対応の内容を十分に分析し、株主に説明を行うとともに、その
　　　分析を次期以降の計画に反映させるべきである。

4－1③　取締役会は、会社の目指すところ（経営理念等）や具体的な経営戦略を踏まえ、最高経営責任者
　　　（ＣＥＯ）等の後継者計画（プランニング）の策定・運用に主体的に関与するとともに、後継者候
　　　補の育成が十分な時間と資源をかけて 計画的に行われていくよう、適切に監督を行うべきである。

【原則４－２．取締役会の役割・責務(2)】

　取締役会は、経営陣幹部による適切なリスクテイクを支える環境整備を行うことを主要な役割・責務
の一つと捉え、経営陣からの健全な企業家精神に基づく提案を歓迎しつつ、説明責任の確保に向けて、
そうした提案について独立した客観的な立場において多角的かつ十分な検討を行うとともに、承認した
提案が実行される際には、経営陣幹部の迅速・果断な意思決定を支援すべきである。

　また、経営陣の報酬については、中長期的な会社の業績や潜在的リスクを反映させ、健全な企業家精
神の発揮に資するようなインセンティブ付けを行うべきである。

補充原則

4－2①　取締役会は、経営陣の報酬が持続的な成長に向けた健全なインセンティブとして機能するよう、
　　　客観性・透明性ある手続に従い、報酬制度を設計し、具体的な報酬額を決定すべきである。その
　　　際、中長期的な業績と連動する報酬の割合や、現金報酬と自社株報酬との割合を適切に設定すべき
　　　である。

4－2②　取締役会は、中長期的な企業価値の向上の観点から、自社のサステナビリティを巡る取組みにつ
　　　いて基本的な方針を策定すべきである。

　　　　　また、人的資本・知的財産への投資等の重要性に鑑み、これらをはじめとする経営資源の配分
　　　や、事業ポートフォリオに関する戦略の実行が、企業の持続的な成長に資するよう、実効的に監督
　　　を行うべきである。

【原則４－３．取締役会の役割・責務(3)】

　取締役会は、独立した客観的な立場から、経営陣・取締役に対する実効性の高い監督を行うことを主
要な役割・責務の一つと捉え、適切に会社の業績等の評価を行い、その評価を経営陣幹部の人事に適切
に反映すべきである。

　また、取締役会は、適時かつ正確な情報開示が行われるよう監督を行うとともに、内部統制やリスク
管理体制を適切に整備すべきである。

　更に、取締役会は、経営陣・支配株主等の関連当事者と会社との間に生じ得る利益相反を適切に管理
すべきである。

補充原則

4－3①　取締役会は、経営陣幹部の選任や解任について、会社の業績等の評価を踏まえ、公正かつ透明性
　　　の高い手続に従い、適切に実行すべきである。

4－3②　取締役会は、ＣＥＯの選解任は、会社における最も重要な戦略的意思決定であることを踏まえ、
　　　客観性・適時性・透明性ある手続に従い、十分な時間と資源をかけて、資質を備えたＣＥＯを選任
　　　すべきである。

4－3③　取締役会は、会社の業績等の適切な評価を踏まえ、ＣＥＯがその機能を十分発揮していないと認
　　　められる場合に、ＣＥＯを解任するための客観性・適時性・透明性ある手続を確立すべきである。

4－3④　内部統制や先を見越した全社的リスク管理体制の整備は、適切なコンプライアンスの確保とリス
　　　クテイクの裏付けとなり得るものであり、取締役会はグループ全体を含めたこれらの体制を適切に
　　　構築し、内部監査部門を活用しつつ、その運用状況を監督すべきである。

【原則４−４．監査役及び監査役会の役割・責務】

　監査役及び監査役会は、取締役の職務の執行の監査、監査役・外部会計監査人の選解任や監査報酬に係る権限の行使などの役割・責務を果たすに当たって、株主に対する受託者責任を踏まえ、独立した客観的な立場において適切な判断を行うべきである。

　また、監査役及び監査役会に期待される重要な役割・責務には、業務監査・会計監査をはじめとするいわば「守りの機能」があるが、こうした機能を含め、その役割・責務を十分に果たすためには、自らの守備範囲を過度に狭く捉えることは適切でなく、能動的・積極的に権限を行使し、取締役会においてあるいは経営陣に対して適切に意見を述べるべきである。

補充原則

４−４①　監査役会は、会社法により、その半数以上を社外監査役とすること及び常勤の監査役を置くことの双方が求められていることを踏まえ、その役割・責務を十分に果たすとの観点から、前者に由来する強固な独立性と、後者が保有する高度な情報収集力とを有機的に組み合わせて実効性を高めるべきである。また、監査役または監査役会は、社外取締役が、その独立性に影響を受けることなく情報収集力の強化を図ることができるよう、社外取締役との連携を確保すべきである。

【原則４−５．取締役・監査役等の受託者責任】

　上場会社の取締役・監査役及び経営陣は、それぞれの株主に対する受託者責任を認識し、ステークホルダーとの適切な協働を確保しつつ、会社や株主共同の利益のために行動すべきである。

【原則４−６．経営の監督と執行】

　上場会社は、取締役会による独立かつ客観的な経営の監督の実効性を確保すべく、業務の執行には携わらない、業務の執行と一定の距離を置く取締役の活用について検討すべきである。

【原則４−７．独立社外取締役の役割・責務】

　上場会社は、独立社外取締役には、特に以下の役割・責務を果たすことが期待されることに留意しつつ、その有効な活用を図るべきである。

（ⅰ）　経営の方針や経営改善について、自らの知見に基づき、会社の持続的な成長を促し中長期的な企業価値の向上を図る、との観点からの助言を行うこと

（ⅱ）　経営陣幹部の選解任その他の取締役会の重要な意思決定を通じ、経営の監督を行うこと

（ⅲ）　会社と経営陣・支配株主等との間の利益相反を監督すること

（ⅳ）　経営陣・支配株主から独立した立場で、少数株主をはじめとするステークホルダーの意見を取締役会に適切に反映させること

【原則４−８．独立社外取締役の有効な活用】

　独立社外取締役は会社の持続的な成長と中長期的な企業価値の向上に寄与するように役割・責務を果たすべきであり、プライム市場上場会社はそのような資質を十分に備えた独立社外取締役を少なくとも３分の１（その他の市場の上場会社においては２名）以上選任すべきである。

　また、上記にかかわらず、業種・規模・事業特性・機関設計・会社をとりまく環境等を総合的に勘案して、過半数の独立社外取締役を選任することが必要と考えるプライム市場上場会社（その他の市場の上場会社においては少なくとも３分の１以上の独立社外取締役を選任することが必要と考える上場会社）は、十分な人数の独立社外取締役を選任すべきである。

補充原則

４−８①　独立社外取締役は、取締役会における議論に積極的に貢献するとの観点から、例えば、独立社外者のみを構成員とする会合を定期的に開催するなど、独立した客観的な立場に基づく情報交換・認識共有を図るべきである。

４−８②　独立社外取締役は、例えば、互選により「筆頭独立社外取締役」を決定することなどにより、経営陣との連絡・調整や監査役または監査役会との連携に係る体制整備を図るべきである。

４−８③　支配株主を有する上場会社は、取締役会において支配株主からの独立性を有する独立社外取締役を少なくとも３分の１以上（プライム市場上場会社においては過半数）選任するか、または支配株主と少数株主との利益が相反する重要な取引・行為について審議・検討を行う、独立社外取締役を含む独立性を有する者で構成された特別委員会を設置すべきである。

【原則４−９．独立社外取締役の独立性判断基準及び資質】

　取締役会は、金融商品取引所が定める独立性基準を踏まえ、独立社外取締役となる者の独立性をその実質面において担保することに主眼を置いた独立性判断基準を策定・開示すべきである。また、取締役会は、取締役会における率直・活発で建設的な検討への貢献が期待できる人物を独立社外取締役の候補者として選定するよう努めるべきである。

【原則４−10．任意の仕組みの活用】

　上場会社は、会社法が定める会社の機関設計のうち会社の特性に応じて最も適切な形態を採用するに当たり、必要に応じて任意の仕組みを活用することにより、統治機能の更なる充実を図るべきである。

補充原則

４−10①　上場会社が監査役会設置会社または監査等委員会設置会社であって、独立社外取締役が取締役会の過半数に達していない場合には、経営陣幹部・取締役の指名（後継者計画を含む）・報酬などに係る取締役会の機能の独立性・客観性と説明責任を強化するため、取締役会の下に独立社外取締役を主要な構成員とする独立した指名委員会・報酬委員会を設置することにより、指名や報酬などの特に重要な事項に関する検討に当たり、ジェンダー等の多様性やスキルの観点を含め、これらの委員会の適切な関与・助言を得るべきである。

　　　　特に、プライム市場上場会社は、各委員会の構成員の過半数を独立社外取締役とすることを基本とし、その委員会構成の独立性に関する考え方・権限・役割等を開示すべきである。

【原則４－11．取締役会・監査役会の実効性確保のための前提条件】

　取締役会は、その役割・責務を実効的に果たすための知識・経験・能力を全体としてバランス良く備え、ジェンダーや国際性、職歴、年齢の面を含む多様性と適正規模を両立させる形で構成されるべきである。また、監査役には、適切な経験・能力及び必要な財務・会計・法務に関する知識を有する者が選任されるべきであり、特に、財務・会計に関する十分な知見を有している者が１名以上選任されるべきである。

　取締役会は、取締役会全体としての実効性に関する分析・評価を行うことなどにより、その機能の向上を図るべきである。

補充原則

４－11①　取締役会は、経営戦略に照らして自らが備えるべきスキル等を特定した上で、取締役会の全体としての知識・経験・能力のバランス、多様性及び規模に関する考え方を定め、各取締役の知識・経験・能力等を一覧化したいわゆるスキル・マトリックスをはじめ、経営環境や事業特性等に応じた適切な形で取締役の有するスキル等の組み合わせを取締役の選任に関する方針・手続と併せて開示すべきである。その際、独立社外取締役には、他社での経営経験を有する者を含めるべきである。

４－11②　社外取締役・社外監査役をはじめ、取締役・監査役は、その役割・責務を適切に果たすために必要となる時間・労力を取締役・監査役の業務に振り向けるべきである。こうした観点から、例えば、取締役・監査役が他の上場会社の役員を兼任する場合には、その数は合理的な範囲にとどめるべきであり、上場会社は、その兼任状況を毎年開示すべきである。

４－11③　取締役会は、毎年、各取締役の自己評価なども参考にしつつ、取締役会全体の実効性について分析・評価を行い、その結果の概要を開示すべきである。

【原則４－12．取締役会における審議の活性化】

　取締役会は、社外取締役による問題提起を含め自由闊達で建設的な議論・意見交換を尊ぶ気風の醸成に努めるべきである。

補充原則

４－12①　取締役会は、会議運営に関する下記の取扱いを確保しつつ、その審議の活性化を図るべきである。

　　　　（ⅰ）　取締役会の資料が、会日に十分に先立って配布されるようにすること
　　　　（ⅱ）　取締役会の資料以外にも、必要に応じ、会社から取締役に対して十分な情報が（適切な場合には、要点を把握しやすいように整理・分析された形で）提供されるようにすること
　　　　（ⅲ）　年間の取締役会開催スケジュールや予想される審議事項について決定しておくこと
　　　　（ⅳ）　審議項目数や開催頻度を適切に設定すること
　　　　（ⅴ）　審議時間を十分に確保すること

【原則４－13．情報入手と支援体制】

　取締役・監査役は、その役割・責務を実効的に果たすために、能動的に情報を入手すべきであり、必要に応じ、会社に対して追加の情報提供を求めるべきである。

　また、上場会社は、人員面を含む取締役・監査役の支援体制を整えるべきである。

　取締役会・監査役会は、各取締役・監査役が求める情報の円滑な提供が確保されているかどうかを確認すべきである。

補充原則

４－13①　社外取締役を含む取締役は、透明・公正かつ迅速・果断な会社の意思決定に資するとの観点から、必要と考える場合には、会社に対して追加の情報提供を求めるべきである。また、社外監査役

176

を含む監査役は、法令に基づく調査権限を行使することを含め、適切に情報入手を行うべきである。

4-13②　取締役・監査役は、必要と考える場合には、会社の費用において外部の専門家の助言を得ることも考慮すべきである。

4-13③　上場会社は、取締役会及び監査役会の機能発揮に向け、内部監査部門がこれらに対しても適切に直接報告を行う仕組みを構築すること等により、内部監査部門と取締役・監査役との連携を確保すべきである。また、上場会社は、例えば、社外取締役・社外監査役の指示を受けて会社の情報を適確に提供できるよう社内との連絡・調整にあたる者の選任など、社外取締役や社外監査役に必要な情報を適確に提供するための工夫を行うべきである。

【原則4-14. 取締役・監査役のトレーニング】
　　新任者をはじめとする取締役・監査役は、上場会社の重要な統治機関の一翼を担う者として期待される役割・責務を適切に果たすため、その役割・責務に係る理解を深めるとともに、必要な知識の習得や適切な更新等の研鑽に努めるべきである。このため、上場会社は、個々の取締役・監査役に適合したトレーニングの機会の提供・斡旋やその費用の支援を行うべきであり、取締役会は、こうした対応が適切にとられているか否かを確認すべきである。

補充原則

4-14①　社外取締役・社外監査役を含む取締役・監査役は、就任の際には、会社の事業・財務・組織等に関する必要な知識を取得し、取締役・監査役に求められる役割と責務（法的責任を含む）を十分に理解する機会を得るべきであり、就任後においても、必要に応じ、これらを継続的に更新する機会を得るべきである。

4-14②　上場会社は、取締役・監査役に対するトレーニングの方針について開示を行うべきである。

第5章　株主との対話

【基本原則5】
　　上場会社は、その持続的な成長と中長期的な企業価値の向上に資するため、株主総 会の場以外においても、株主との間で建設的な対話を行うべきである。
　　経営陣幹部・取締役（社外取締役を含む）は、こうした対話を通じて株主の声に耳を傾け、その関心・懸念に正当な関心を払うとともに、自らの経営方針を株主に分かりやすい形で明確に説明しその理解を得る努力を行い、株主を含むステークホルダーの立場に関するバランスのとれた理解と、そうした理解を踏まえた適切な対応に努めるべきである。

考え方

　「『責任ある機関投資家』の諸原則《日本版スチュワードシップ・コード》」の策定を受け、機関投資家には、投資先企業やその事業環境等に関する深い理解に基づく建設的な「目的を持った対話」（エンゲージメント）を行うことが求められている。

　上場会社にとっても、株主と平素から対話を行い、具体的な経営戦略や経営計画などに対する理解を得るとともに懸念があれば適切に対応を講じることは、経営の正統性の基盤を強化し、持続的な成長に向けた取組みに邁進する上で極めて有益である。また、一般に、上場会社の経営陣・取締役は、従業員・取引先・金融機関とは日常的に接触し、その意見に触れる機会には恵まれているが、これらはいずれも賃金債権、貸付債権等の債権者であり、株主と接する機会は限られている。経営陣幹部・取締役が、株主との対話を通じてその声に耳を傾けることは、資本提供者の目線からの経営分析や意見を吸収し、持続的な成長に向けた健全な企業家精神を喚起する機会を得る、ということも意味する。

【原則５－１．株主との建設的な対話に関する方針】

　上場会社は、株主からの対話（面談）の申込みに対しては、会社の持続的な成長と中長期的な企業価値の向上に資するよう、合理的な範囲で前向きに対応すべきである。取締役会は、株主との建設的な対話を促進するための体制整備・取組みに関する方針を検討・承認し、開示すべきである。

補充原則

５－１①　株主との実際の対話（面談）の対応者については、株主の希望と面談の主な関心事項も踏まえた上で、合理的な範囲で、経営陣幹部、社外取締役を含む取締役または監査役が面談に臨むことを基本とすべきである。

５－１②　株主との建設的な対話を促進するための方針には、少なくとも以下の点を記載すべきである。

　　　（ⅰ）　株主との対話全般について、下記（ⅱ）～（ⅴ）に記載する事項を含めその統括を行い、建設的な対話が実現するように目配りを行う経営陣または取締役の指定

　　　（ⅱ）　対話を補助する社内のＩＲ担当、経営企画、総務、財務、経理、法務部門等の有機的な連携のための方策

　　　（ⅲ）　個別面談以外の対話の手段（例えば、投資家説明会やＩＲ活動）の充実に関する取組み

　　　（ⅳ）　対話において把握された株主の意見・懸念の経営陣幹部や取締役会に対する適切かつ効果的なフィードバックのための方策

　　　（ⅴ）　対話に際してのインサイダー情報の管理に関する方策

５－１③　上場会社は、必要に応じ、自らの株主構造の把握に努めるべきであり、株主も、こうした把握作業にできる限り協力することが望ましい。

【原則５－２．経営戦略や経営計画の策定・公表】

　経営戦略や経営計画の策定・公表に当たっては、自社の資本コストを的確に把握した上で、収益計画や資本政策の基本的な方針を示すとともに、収益力・資本効率等に関する目標を提示し、その実現のために、事業ポートフォリオの見直しや、設備投資・研究開発投資・人的資本への投資等を含む経営資源の配分等に関し具体的に何を実行するのかについて、株主に分かりやすい言葉・論理で明確に説明を行うべきである。

補充原則

５－２①　上場会社は、経営戦略等の策定・公表に当たっては、取締役会において決定された事業ポートフォリオに関する基本的な方針や事業ポートフォリオの見直しの状況について分かりやすく示すべきである。

経営法友会

　企業法務担当者の情報交換の場として1971年に発足した任意団体。2021年に50周年を迎える。同年6月現在、1,300社を超える会員企業を擁し、会員企業向けセミナーの開催、具体的テーマについて会員企業の法務担当者が集結し議論する研究会の設置など、さまざまな事業を展開している。

　会社法研究会は、2019年会社法改正をふまえた実務対応を研究テーマとして設置され、本ガイドブック改訂を重要ミッションのひとつとして位置づけ、活動中である。

　https://www.keieihoyukai.jp/

取締役ガイドブック〔全訂第4版〕

1984年 5 月31日	初　版第 1 刷発行	
1989年 4 月 1 日	改訂版第 1 刷発行	
1992年 6 月25日	改訂第二版第 1 刷発行	
1993年12月18日	新訂版第 1 刷発行	
1994年11月 4 日	新訂第二版第 1 刷発行	
1997年 4 月 1 日	新訂第三版第 1 刷発行	
1998年 6 月22日	新訂第四版第 1 刷発行	
2002年 6 月29日	新訂第五版第 1 刷発行	
2006年 6 月14日	全訂版第 1 刷発行	
2010年 2 月15日	全訂第 2 版第 1 刷発行	
2015年 6 月30日	全訂第 3 版第 1 刷発行	
2021年 7 月15日	全訂第 4 版第 1 刷発行	

編　　者　　経営法友会 会社法研究会

発 行 者　　石 川 雅 規

発 行 所　　鬣 商 事 法 務

　　　　　〒103-0025 東京都中央区日本橋茅場町3-9-10
　　　　　TEL 03-5614-5643・FAX 03-3664-8844〔営業〕
　　　　　TEL 03-5614-5649〔編集〕
　　　　　https://www.shojihomu.co.jp/

落丁・乱丁本はお取り替えいたします。　印刷／そうめいコミュニケーションプリンティング
© 2021 経営法友会　　　　　　　　　　　　　　　　　Printed in Japan
　　　　　　　Shojihomu Co., Ltd.
ISBN978-4-7857-2879-3
＊定価はカバーに表示してあります。